Brigitte Flieger

Beim ersten Kind kam alles anders

HERDER / SPEKTRUM
Band 4328

Das Buch

Schwanger sein ... ein Zustand, der die Welt verändert. Als Brigitte die überraschende Nachricht erfährt, wird alles aufregend, bunter, hoffnungsvoll. Sie tanzt und wiegt ihr Baby im Bauch; die Wohnung wird schon kindgerecht hergerichtet. Und dann kommt alles anders! Im 8. Monat stellt der Arzt eine seltene Genkrankheit, Trisomie 18, auch Edwards-Syndrom genannt, fest. Das Kind wird – wenn überhaupt – nur für kurze Zeit lebensfähig sein. Der dramatische Geburtsverlauf in der Klinik endet nicht mit dem ersehnten Schrei nach Leben; das Kind kommt tot zur Welt. Die Zeit danach ist endlose Trauer; die Umgebung reagiert mit einer Mauer von Schweigen. Doch damit will es die Autorin nicht belassen. Noch in ihrem Schmerz zehrt sie von den positiven Erfahrungen. Sie läßt ihr Baby Louis beerdigen, schreibt statt der vorgesehenen Geburtsanzeige eine Todesanzeige und dann dieses Buch, um Louis einen Denkstein zu setzen. Sie schreibt aber auch, um das Tabuthema anzupacken und betroffenen Frauen Mut zu machen. Sie bewältigt ihr Schicksal, weil sie erkennt: Das Glück ist nicht nur am Unglück zu messen. Etwas Bleibendes ist in ihrem Herzen. Diese Erfahrung kann ihr niemand mehr nehmen. Eine Geschichte, die die Geschichte jeder Frau sein kann. Und ein Buch, das Mut macht, das eigene Schicksal zu bewältigen. Wie das Leben selbst – eine überraschende, glückliche und traurige, intensive Erzählung. Nicht zuletzt die anrührende Geschichte einer sensiblen und starken Frau.

Die Autorin

Brigitte Flieger, geboren 1963, Diplom-Betriebswirtin. Sie lebt in Berlin. 1993 wurde sie, mit 29 Jahren, schwanger. Die zunächst normal verlaufene Schwangerschaft endete im 8. Monat überraschend mit dem Tod ihres Kindes.

Brigitte Flieger

Beim ersten Kind kam alles anders

Eine glückliche Schwangerschaft und ihr jähes Ende

Herder
Freiburg · Basel · Wien

Originalausgabe

Die Namen einiger Personen wurden aus
persönlichkeitsrechtlichen Gründen geändert.

Lektorat: Stefanie Windfelder
Herstellung: Freiburger Graphische Betriebe 1994
Umschlaggestaltung: Joseph Pölzelbauer
Umschlagmotiv: © Anne Koch /Das Fotoarchiv
ISBN 3-451-04328-9

Meiner Freundin Victoria,
ich wünsche jeder Frau eine solche Freundin.

Der Pfarrerin,
die Louis in Gottes Hände legte.

Den Ärzten und Hebammen des Klinikums Steglitz,
die uns ausgezeichnet betreuten und auch menschlich
Hilfe leisteten.

Und alle, die mit uns litten!

Hoffnung

Hoffnung ist,
nicht so zu tun, als ob Probleme nicht existieren ...

Es ist das Vertrauen,
daß sie nicht ewig währen,
daß die Wunden heilen
und wir Schwierigkeiten überwinden ...

Es ist der Glaube,
daß eine Quelle
der Stärke und Erneuerung
tief in uns liegt,
die uns aus dem Dunklen
in die Sonne führt.

(Auszug aus dem Brief unserer Lieblingshebamme)

Erster Teil

Meine Rippen schmerzten. Das war ungewöhnlich. Ich wollte es bei der nächsten Vorsorgeuntersuchung ansprechen. Diesmal, im achten Monat, sollte mir meine Frauenärztin endlich sagen, ob es ein Junge oder ein Mädchen würde. Ich war mir fast sicher, daß es ein Junge würde. Daniel begleitete mich ausnahmsweise nicht. Ich versprach, ihn gleich nach der Untersuchung anzurufen.

Die Ärztin bat mich ins Sprechzimmer.

„Wie geht es Ihnen?"

„Eigentlich sehr gut. Ich muß nicht mehr arbeiten und habe jetzt viel Zeit, alles vorzubereiten. Ich habe auch eine Hebamme für die Nachbetreuung gefunden. Mein einziges Problem ist, daß meine Rippen seit einiger Zeit sehr weh tun. Meinen Sie, mein Kind kann mir die Rippen brechen?"

„Nein, das habe ich noch nie gehört. Aber wieso schmerzt Ihre Rippe? Haben Sie sich gestoßen?"

„Nein, ich habe das Gefühl, das Kind drückt dagegen! Ich bekomme manchmal gar keine Luft."

„Wir machen einen Ultraschall, kommen Sie bitte mit rüber."

Ich legte mich im Zimmer nebenan auf die Untersuchungsliege. Die Ärztin „gelierte" meinen Bauch ein und stellte das Gerät an.

„Ihr Bauch kommt mir zu groß vor! Zu viel Fruchtwasser haben Sie nicht, und das Kind ist eher zierlich. Ich glaube, Sie bekommen Zwillinge!"

„Zwillinge?"

„Das kann doch nicht sein. Ich war bei jeder Vorsorgeuntersuchung und habe mich in der Klinik „Waldfrieden" zur Geburt angemeldet – das hätte man doch früher gesehen!"

„Nein, manchmal liegen die kleinen Würmchen so versteckt hintereinander, daß erst bei der Geburt rauskommt, daß es zwei sind! Sie maß meinen Bauchumfang.

„Der Bauch hat die Größe vom Ende einer Schwangerschaft. Auch Ihre Rippenschmerzen dürften – wenn überhaupt – erst gegen Ende auftreten. Sie bekommen Zwillinge! Ich überweise Sie jetzt ins Klinikum ‚Steglitz'!"

„Ich bin aber im ‚Waldfrieden' angemeldet, soll ich nicht lieber dahin gehen?"

„Nein, das müssen wirklich Spezialisten sehen. Sie gehen ins Klinikum! Ziehen Sie sich schon einmal an. Ich mache die Überweisung fertig!"

Gesagt, getan. Sie geleitete mich hinaus.

„Hier ist Ihre Einweisung. Rufen Sie bitte bei der Aufnahme an und lassen Sie sich einen Termin geben. Sagen Sie mir Bescheid, was los ist."

Ich ging verstört nach Hause. Zwillinge? So kurz vor dem Ende? Wenigstens hatte ich noch keine Schwangerschaftsstreifen. Aber wo soll mein Bauch nur hinwachsen mit Zwillingen? Hatte sie wirklich Zwillinge gesagt? Ich machte im Krankenhaus einen Termin für den kommenden Tag aus.

Ehrlich gesagt, war mir mein Bauch ja schon immer etwas dick vorgekommen. Aber an Zwillinge hatte ich nie gedacht. Naja, die Brüste würden für beide reichen, dann müßte sich Daniel eben etwas zurückhalten!

Ich rief Daniel in der Firma an:

„Willst du wissen, welchen Namen wir jetzt nehmen können?"

„Ja, erzähle. Ich bin schon den ganzen Morgen gespannt!"

„Wir brauchen vielleicht beide!"

„Was soll das heißen?"

„Meine Frauenärztin glaubt, daß wir Zwillinge erwarten. Der Bauch ist zu dick und das Baby noch zierlich. Sie meint, es hätte sich eins versteckt."

Schweigen.

„Daniel?"

„Ja."

„Was ist?"

„Na, das kommt etwas überraschend!"

„Für mich auch! Ich muß morgen ins Krankenhaus, kannst du mich begleiten?"

„Na, klar! Bis später, du fleißige Mama!"

Dann rief ich meine Freundin Victoria an:

„Vielleicht wirst du doppelte Patentante!"

„Zwillinge? Du hast wahrscheinlich zu deiner Schwangerschaft noch eine Scheinschwangerschaft! Weil du so glücklich mit deiner Schwangerschaft bist, konntest du wieder nicht genug haben. Aber hätten die das nicht vorher sehen können?"

„Ich weiß auch nicht! Also mit Ärzten macht man was mit!"

„Gib es zu, du willst mich nur in den Ruin treiben. Ich als arme Studentin, Mutter eines Kindes, soll jetzt auch noch Patentante von Zwillingen werden. Diese vielen Geburtstage, Weihnachtsfeste ... Warum habe ich nur damals trotz deiner roten Haare mit dir gesprochen?"

„Das frage ich mich schon lange. Apropos, du weißt doch, daß du als Patentante auch beim Baden der Babys behilflich sein mußt. Wie soll ich die denn sonst alleine baden? Also, ein Tag in der Woche gehört uns!"

„Was soll nur aus mir werden!"

Je länger wir blödelten, desto mehr freute ich mich darüber, vielleicht Zwillinge zu erwarten. Auch Daniel hatte sich am Abend bereits an den Gedanken gewöhnt und lachte mit mir über die Vorstellung, wie wir beide, jeder ein Kind im Rucksack, wandern gingen.

Am *Dienstag morgen* gingen wir zur Ultraschalluntersuchung ins Klinikum ‚Steglitz'; eine riesengroße Uni-Klinik, genauso, wie wir es nie haben wollten. Bei der Anmeldung sahen wir eine Mutter mit einem Zwillingskinderwagen. Sie sah ziemlich erschöpft aus. Daniel und ich alberten herum und stellten uns das Chaos mit zwei kleinen Kindern vor. Aber eigentlich glaubte ich schon damals nicht, daß die Ärzte sich so lange hatten täuschen lassen.

Im Wartezimmer streichelte ich zärtlich meinen Bauch. Als wir nach einer halben Stunde Warten aufgerufen wurden, ging ich stolz über meinen dicken Bauch in das Untersuchungszimmer. Der Raum war verdunkelt. Große Monitore standen an den Wänden. Der Ultraschallspezialist Dr. Cordes bat uns, vor seinem Schreibtisch Platz zu nehmen. Er war noch sehr jung, schlank und hatte dunkle Haare. Ich informierte ihn über den Grund unseres Besuches und spaßte noch: „Schauen Sie mal den Bauch an, ist der nicht schön?"

Dr. Cordes erwiderte lachend:

„Wir werden mal nachsehen. Machen sie bitte den Bauch frei und legen sich auf die Untersuchungsliege."

Dann kam die Gel-Prozedur. Daniel saß an meiner Seite. Der Arzt fuhr mit dem Ultraschallkopf auf meinem Bauch herum. Auf den Monitoren sahen wir unser Kind. Wir konnten die Finger und Zehen erkennen. Der Arzt fragte uns, ob wir wissen wollten, was es war. Es war ein Junge. Wir hatten es die ganze Zeit schon gewußt, ohne es jemals von einem Arzt erfahren zu haben.

Die Untersuchung dauerte immer länger und die Atmosphäre wurde immer angespannter. Ich spürte, daß irgend etwas nicht stimmte. Endlich sagte Dr. Cordes: „Zwillinge sind es nicht. Sie haben zuviel Fruchtwasser. Ich würde gerne einen vaginalen Ultraschall machen. Ziehen Sie sich bitte in der Kabine um und setzen sich auf den gynäkologischen Stuhl."

Bei der Untersuchung schwieg Dr. Cordes. Mir schossen alle möglichen Fragen durch den Kopf: Wieso sagt er uns nicht, daß alles in Ordnung ist? Warum habe ich zuviel Fruchtwasser? Wieso wirkt er so angespannt? Was ist überhaupt los?

Wir sahen auf den Monitoren den Kopf des Kindes, mit zwei schwarzen Löchern. Ich fragte ganz harmlos:

„Sind das die Augen unseres Kindes?"

„Nein!"

Schweigen. Was ist es sonst, wenn es nicht die Augen sind? Was sind das für Löcher im Kopf unseres Kindes?

Räuspern: „Nein, es sind zwei Zysten!"

Zysten? Unser Kind hat Zysten am Kopf? Was ist mit dem Fruchtwasser?

„Der dicke Bauch kommt von dem vielen Fruchtwasser. Es sind wirklich keine Zwillinge."

Ich spürte ganz deutlich, etwas stimmte nicht mit unserem Kind. Tränen schossen mir in die Augen. Alles verschwamm. Der Arzt bat mich, mich anzuziehen und wieder am Schreibtisch Platz zu nehmen. Er erklärte uns:

„Es sind einige Merkmale an dem Kind zu sehen, die auf einen genetischen Fehler hinweisen könnten. Um ganz sicher zu gehen, würde ich ihnen gerne aus der Nabelschnur Blut entnehmen und dann eine Genanalyse machen lassen. Es ist so: Das Kind hat zuviel Fruchtwasser. Das Herz funktioniert nicht einwandfrei. Im Magen ist nicht genug Flüssigkeit. Es hat Zysten am Kopf, und es ist zu klein für seinen Entwicklungszustand."

Weinend anwortete ich:

„Es ist zu klein, weil der Eisprung zwei Wochen später als regulär war. Das ist bestimmt der Grund! Ich habe die Fieberkurve dabei. Da können sie es sehen. Es könnte doch zwei Wochen später passiert sein – nicht wahr, Daniel? Wo ist meine Tasche?"

Ich fand die Fieberkurve nicht.

Ruhige Stimme: „Also gut, selbst wenn wir davon ausgehen, daß es zwei Wochen später entstand, gibt es noch weitere Merkmale, die bedenklich sind. Wir sollten die Chromosomenbestimmung machen, dann wissen wir mehr!"

„Und was passiert jetzt?"

„Sie müßten einen Tag hierbleiben, weil durch die Blutentnahme Wehen ausgelöst werden können. Aber morgen dürfen Sie dann wieder nach Hause. Am Freitag sehen wir uns wieder, dann ist das Ergebnis da."

„Wir sind einverstanden. Was kann es denn sein?"

Dr. Cordes: „Es könnte Mongolismus sein, Trisomie 21,

wobei ich das nicht annehme. Dann gibt es noch zwei seltenere Krankheiten, von denen die eine die Trisomie 18 ist, bei der das Kind das erste Lebensjahr nicht erreicht.

Die Merkmale für sich alleine sind nicht so bedenklich, aber alles zusammen ist irritierend. Wir sollten jetzt nicht spekulieren, sondern auf das Ergebnis warten. Vielleicht sind es auch nur dumme Zufälle! Sie gehen jetzt auf die gynäkologische Station, und am Nachmittag nehme ich ihnen Blut ab. Dann sehen wir uns wieder!"

Jetzt hieß es also abwarten. Wie schwer das fiel! Ich versuchte, mich zu beruhigen. Meine Gedanken wanderten zurück, und ich stellte mir noch einmal vor, wie alles angefangen hatte:

Weil ich die Pille nicht vertrug, die Spirale nicht haben wollte und mein Zyklus unregelmäßig war, bestand für mich immer ein gewisses Risiko, schwanger zu werden. Meine Frauenärztin ging davon aus, daß ich im letzten Jahr wahrscheinlich gar keinen Eisprung gehabt hatte. Da ich meinen Arbeitsplatz wechseln wollte, mußte ich hundertprozentig sicher gehen. Bevor ich den neuen Arbeitsvertrag unterschrieb und meine alte Stelle kündigte, hatte ich vorsorglich einen Schwangerschaftstest gemacht. Dieser zeigte eindeutig an, daß ich nicht schwanger war. Daß meine Regel drei Tage überfällig war, beunruhigte mich daher nicht weiter. Ich war mir absolut sicher, die neue Stelle annehmen zu können. Von nun an wollten Daniel und ich noch vorsichtiger sein, denn jetzt war erst einmal wieder „Karriere angesagt". Meine neue Tätigkeit als Regionalverkaufsleiterin eines etablierten Reiseveranstalters stellte für mich eine große Herausforderung dar. In zwei bis drei Jahren wäre Daniel beruflich sicherlich auch gefestigter und dann – ich wäre dann 32 Jahre alt – könnte unser erstes Kind kommen. So war es geplant.

Da ich noch genügend Urlaub hatte, nahm ich an einem zweiwöchigen Sprachkurs in England teil. Obwohl der

Schwangerschaftstest eindeutig negativ ausgefallen war, hatte ich ein merkwürdiges Gefühl. Ich war irgendwie verändert. Ich hatte keine Lust, neue Kontakte zu schließen. Ich war oft müde und zog mich lieber in mein Hotelzimmer zurück, um Bücher zu lesen, anstatt mir die Nächte in Pubs um die Ohren zu schlagen oder lange Ausflüge zu unternehmen. Meine Regel kam nur ein bißchen, was ich auf den Urlaub und die Klimaumstellung schob. Mir war oft schlecht, und meine Brüste spannten. Ich war verwirrt. Ständig ließ ich etwas liegen, mal meinen Pullover in einem Pub, dann die Schultasche in der Sprachenschule, ein andermal vergaß ich meine Regenjacke im Bus; es verging nicht ein Tag, an dem ich nicht etwas gesucht habe. Meine Gedanken waren weit weg. Ich hatte während des Sprachkurses eine ganz nette Französin kennengelernt, die in Paris lebte und drei Kinder hatte. Sie meinte:

„Du bist bestimmt schwanger. Ich kenne diese Verwirrtheit aus meinen Schwangerschaften!"

Ich war mir aber nicht sicher, ob ich nun wirklich schwanger war oder ob ich es mir nur einbildete. Die Französin erzählte mir, daß sie vor der Geburt ihres dritten Sohnes eine Fehlgeburt in der elften Schwangerschaftswoche gehabt hatte. Ich sollte mich schonen. Eines Abends, als ich auf dem Bett meines Hotelzimmers lag, rief Daniel an:

„Du fehlst mir. Niemand mit dem ich kuscheln, mich zanken und herumtoben kann. Die Wohnung ist viel zu leer und aufgeräumt. Es ist einfach langweilig ohne dich."

„Du fehlst mir auch. Weißt du was, ich bin mir nicht sicher, aber ich glaube, wir haben einen kleinen Hausbesetzer. Mir ist ständig schlecht, meine Brüste schmerzen. Ich fühle mich schwanger."

„Meinst du wirklich? Wie nennst du es – einen Hausbesetzer?"

„Ja, jemand, der mein ‚Gebärmutterhäuschen' besetzt!"

„Das wäre ja toll! Wir bekommen ein Kind? Komm endlich zurück! Ich werde gleich deine Oma anrufen und ihr die Neuigkeit erzählen. Ich vermiß dich, nein euch. Kannst du nicht früher zurückkommen?"

„Nein, es sind doch nur noch paar Tage!"
„Ich freue mich schon so auf dich, nein euch!"

Die Tage verbrachte ich in der Sprachenschule. Neben den Englischlektionen hatte ich genug damit zu tun, meine äußerst empfindlich gewordene Nase vor unangenehmen Gerüchen zu bewahren und meine Übelkeit zu überwinden. Schon bei dem Gedanken an den Geruch der „Jack Potatos", einem verbreiteten Nationalgericht in England, wird mir noch heute übel. Ich war froh, als der Sprachkurs vorbei war und ich wieder nach Deutschland zurückfahren konnte.

Die ganze Sache war mir etwas unheimlich. Meine Gedanken kreisten. Wenn ich jetzt wirklich schwanger war, was sollte ich dann mit meiner neuen Stelle machen? Erst einmal abwarten. Keine Panik. Der Test war doch negativ gewesen. Sicherlich hatte ich „nur" einen Hormonsturz. Ich durfte jetzt einfach nicht schwanger sein. Ich hatte doch eine neue Arbeit.

Daniel hatte für mich einen Termin bei meiner Frauenärztin ausgemacht. Leider war diese am besagten Tag krank, aber es war eine junge, sympathische Vertretung da. Ich war aufgeregt:
„Irgend etwas ist bei mir durcheinander. Ich habe das Gefühl, schwanger zu sein, aber der Test aus der Apotheke war negativ. Ich weiß nicht, was mit mir los ist. Könnte es sein, daß ich scheinschwanger bin?"
Sie lächelte.
„Na, wir schauen uns das mal an. Gehen Sie bitte schon einmal ins Untersuchungszimmer, ziehen sich aus und legen sich auf den Stuhl.
Ich komme sofort."
Bei der Untersuchung sagte sie:
„Also, ich glaube nicht, das Sie schwanger sind. Aber vorsichtshalber möchte ich gerne ein Ultraschallbild machen. Kommen Sie bitte mit in den Ultraschallraum. Sie brauchen sich nicht erst anzuziehen, der Raum ist gleich nebenan."
Ich folgte ihr in das Nebenzimmer und legte mich auf die

Untersuchungsliege. Sie rieb mir das Gel auf den Bauch und schaltete den Monitor an.

„Doch, da haben wir was. Sehen Sie mal mit auf den Monitor. Ja, jetzt sieht man es ganz deutlich, den kleinen Dottersack. Ich gratuliere, Sie sind wirklich schwanger!"

„Wirklich, ich bin schwanger?"

Mir liefen die Tränen hinunter.

„Ja, Sie sind schwanger. Es ist noch ganz klein, aber es ist da. Sie sollten in einer Woche noch einmal vorbeikommen, dann ist es schon besser zu sehen. Na, das wird ja eine aufregende Weihnachtszeit für Sie werden."

Ich verließ überglücklich die Praxis. Mein Gott, ich war schwanger. Wir erwarteten ein Kind. Ich war gerührt, durcheinander, meine Gefühle fuhren Achterbahn. Ich hätte die Welt umarmen können. Ich lief wie in Trance zu meiner Oma und ging mit ihr in einem Bistro frühstücken. Nun freute auch sie sich richtig.

Ich rief Daniel an und erzählte ihm, daß wir wirklich einen kleinen Hausbesetzer hatten. Daniel freute sich riesig. Ich hatte das Gefühl, die Welt müßte für einen Moment stillstehen: Wir erwarteten ein Kind! In meinem Bauch wuchs ein kleiner Erdling! Etwas Fantastisches, etwas Einzigartiges, etwas Wunderbares! Ich wollte es hinausschreien. Jeder sollte es hören. Ich bin schwanger!

Ich freute mich, obwohl es nicht der richtige Zeitpunkt war. Aber gibt es ihn überhaupt, den richtigen Zeitpunkt? Welche Frau sitzt schon zu Hause im Nest und wartet auf die Empfängnis?

Mir war auch klar, daß die Entscheidung für ein Kind bedeutete, daß sich unser Leben von Grund auf ändern würde. Von vielen liebgewordenen Gewohnheiten würden wir Abschied nehmen müssen. Vor allem fürchtete ich mich aber davor, meine so mühsam errungene berufliche Selbstständigkeit wieder aufgeben zu müssen.

Nachdem wir über längere Zeit vergeblich versucht hatten, ein Baby zu bekommen, hatte ich mir gesagt, daß es wahrscheinlich doch noch nicht der richtige Zeitpunkt war. Immer dieser verflixte Zeitpunkt! Ich hatte mich selber unter Zeitdruck gesetzt. Das Gerede von der biologischen Uhr einer Frau hatte sich fest in mir verankert. Es tickte wie eine Zeitbombe. Ich hatte Angst, irgendwann den Zug zu verpassen.

Doch durch die unerwartete Schwangerschaft war das ganze Gedankengerüst in sich zusammengefallen. Alle Überlegungen und Spekulationen waren null und nichtig geworden. Rein verstandesmäßig betrachtet, kam unser Baby nun zu einem absolut ungünstigen Zeitpunkt: Ich hatte eine neue Arbeitsstelle zum Jahresanfang angenommen. Daniel machte sich gerade selbständig. Unsere Wohnung war viel zu klein. Ein größere war nicht in Aussicht. Unser Mietshaus wurde gerade umgebaut, und es war sehr laut im Haus.

Aber wir freuten uns! Denn das Kind war für mich ein Geschenk Gottes und ein Wunder der Natur.

Zweiter Monat

Es gab nur wenige Leute, die sich wirklich spontan mitfreuten. Einige sagten:

„Jetzt, wo du deine Arbeit gewechselt hast, ist es ja wirklich unpassend. Was wird dein neuer Arbeitgeber dazu sagen?"

Andere meinten: „In eurer Wohnung? Da ist doch kein Platz, das wird doch zu eng!"

Eine Bekannte fragte mich: „Verdient Daniel denn genug? Könnt ihr euch das leisten?" Das klang fast so, als dürften nur noch Millionäre Kinder bekommen. Selbst wenn Daniel beruflich etwas Anlaufzeit bräuchte, würden wir nicht verhungern. Wir müßten uns etwas einschränken, na und? Dafür hätten wir ein Kind!

Ich rief auch Daniels Verwandte an. Eine fragte:

„Was bekommt ihr? Ein Kind?" (Was denn sonst, einen Hund?) Schweigen.

„Was sagt denn Daniel dazu?"

„Daniel?“ stotterte ich: „Na, der freut sich“. Wir beendeten recht schnell das Gespräch.

Am Abend rief sie ihn noch einmal an und fragte ihn persönlich:

„Wolltest du denn ein Kind? Also, ich weiß nicht, ob ich das richtig finde. Ihr hattet doch erst vor einem Jahr eine Krise, und nun ein Kind? Habt ihr euch das denn gut überlegt?“

Daniel antwortete:

„Ich freue mich über das Kind. Wir haben uns lange Zeit eines gewünscht. Unsere Krise haben wir schon längst überstanden. Gerade das zeigt doch, daß wir zueinander gehören. Es wäre doch viel einfacher gewesen, den anderen ohne Trauschein fallen zu lassen. Aber wir, wir haben wieder zueinandergefunden und sind glücklich. Außerdem kennen wir uns jetzt schon sechs Jahre, da wissen wir, worauf wir uns einlassen. Ich kann ja verstehen, daß das alles etwas überraschend für euch kommt. Nehmt euch die Zeit, euch daran zu gewöhnen. Wir freuen uns jedenfalls auf dieses Kind.“

„Naja, aber so etwas hättet ihr uns nicht am Telefon zu sagen brauchen. Warum seid ihr nicht vorbei gekommen? Deine Schwester kam auch extra sonntags zum Essen, um von ihrer Schwangerschaft zu erzählen.“

„Es hat halt jeder eine andere Art. Brigitte wollte euch an ihrem Glück sofort teilhaben lassen. Zum Essen können wir doch immer noch vorbeikommen.“

Als Daniel aufgelegt hatte, nahm er mich zärtlich in dem Arm. Er wußte, daß mich die Zweifel verletzten.

Natürlich gab es auch Menschen, die sich von Anfang an spontan mit uns freuten. Eine Freundin von uns, Victoria, freute sich am meisten.

Ich kannte Victoria aus meiner Zeit an der Universität. Ich hatte nach meinem Betriebswirtschaftsstudium in der Fachrichtung Fremdenverkehr noch ein Jahr Psychologie studiert. Gleichzeitig arbeitete ich schon. Ich traf Victoria eines Tages auf dem Gang des Psychologischen Institutes. Sie stand vor dem schwarzen Brett und überlegte, für welches Versuchsprojekt sie sich einschreiben sollte. Zufällig entschieden wir uns für dasselbe und kamen ins Gespräch. Auf dem Weg in die Cafeteria sagte Victoria:

„Eigentlich spreche ich nicht mit anderen rothaarigen Frauen, aber bei dir ist das eine Ausnahme!" Warum sie gegen ihre „Regel" verstoßen hat, weiß ich bis heute nicht. Sie fragte weiter:

„Machst du sonst noch was, außer der Uni?"

„Ja, ich arbeite bei einem Reiseveranstalter und stelle Kataloge her! Und du?"

„Ich schreibe Hörspielkassetten für Kinder!" Wir waren beide stolz auf das, was wir taten. Wir unterschieden uns so von den anderen Psychologie-Studenten, die den ganzen Tag im Institut verbrachten, fern aller Realität da draußen. Mit Victoria hat sich seit diesem Tag in der Cafeteria eine tiefe Freundschaft entwickelt. Wir waren uns in manchen Dingen ähnlich. Nicht nur wegen der roten Haare, sondern auch, weil wir beide versuchten, noch in der schlimmsten Situation unseren Humor zu bewahren.

Mittlerweile hatte Victoria selber schon eine Tochter namens „Alina". Alina hatte kurze rote Haare und dunkelbraune, fast schwarze Augen. Sie sah aus wie ein kleiner Kobold. Schon eine kleine Persönlichkeit mit ihren eindreiviertel Jahren! Man mußte sie einfach gern haben. Jedesmal wenn ich Alina sah, wuchs in mir die Sehnsucht nach einem Kind.

Als Victoria von meiner Schwangerschaft erfuhr, war sie ganz aufgeregt, lud mich am nächsten Tag zum Kaffee ein, schenkte mir ein Buch über das Stillen und versorgte mich tütenweise mit Schwangerschaftskleidung.

In der nächsten Zeit redeten Victoria und ich viel über Babys. Mit einem Augenzwinkern erklärte sie mir:

„Beim nächsten Kind wird alles anders, dann mache ich eine Wassergeburt und nehme die Ökowindeln, keine Pampers mehr! Aber bei Alina, da war ich konventionell!"

Diese Sätze klangen mir noch lange nach. Sie bewirkten auch, daß ich selbst gute Vorsätze faßte. Was für Victoria ein Spaß gewesen war, wurde für mich ein Leitfaden meiner Schwangerschaft.

Mein erster Vorsatz lautete:

Beim nächsten Kind lasse ich mich von niemandem mehr beeinflussen und mich schon gar nicht von dem Gerede über günstige oder ungünstige Zeitpunkte irritieren!

Daniel betrachtete sich eines morgens im Schlafzimmerspiegel und sagte dann zu mir:

„Hoffentlich bist du nicht enttäuscht, wenn unser Kind nicht so süß wird wie Alina."

„Warum soll unser Kind nicht so süß werden?"

„Ich habe geträumt, daß es ein Junge mit blonden Haaren ist."

„Komisch! Ich sage ja auch immer, daß es ein Junge ist. Hast du etwas gegen blond?"

„Nein, aber ich weiß, daß du rote oder schwarze Haare liebst."

„Das Kind ist ein Teil von dir, schon dafür werde ich jede Haarfarbe lieben. Ja, sogar blond! Und ich liebe dich noch mehr dafür, daß ich dieses Kind bekomme."

Ich konnte es gar nicht abwarten, endlich meinen Mutterpaß zu erhalten. Schon oft hatte ich im Wartezimmer meiner Frauenärztin ein wenig neidisch jene Frauen beobachtet, die ein solches blaues Heftchen in den Händen hielten. Jetzt endlich war ich eine von ihnen, in mir entstand Leben.

Daniel kaufte unser erstes Buch über das Thema „Schwangerschaft". Als wir gemütlich auf unserem Sofa lagen, erzählte er mir, daß er sich beim Kauf wie ein kleiner Schuljunge vorgekommen war, der etwas angestellt hatte. Doch dann war er ganz stolz zur Kasse gegangen. Ja, er würde Vater werden. Unsere Freude über unseren „Hausbesetzer" war riesengroß.

Ich erzählte auch meinem ehemaligen Chef von der Schwangerschaft, insgeheim mit der Hoffnung, daß er meine Kündigung zurücknehmen würde. Daniels Schwester hatte das Glück gehabt. Mein Chef ließ sich leider nicht darauf ein, aber er erkundigte sich während der gesamten Schwangerschaft immer wieder nach meinem Befinden. Auch meine ehemaligen Arbeitskolleginnen freuten sich ehrlich mit.

Ich konnte meinen Resturlaub und die Überstunden zusammenlegen, so daß ich die letzten Wochen des Jahres frei hatte.

Ich machte mir Sorgen um meine neue Stelle, die ich Anfang des neuen Jahres übernehmen sollte. Bereits im Vorfeld versuchte ich zu klären, wie es mit meinen Rechten während der Probezeit aussah, aber niemand konnte mir eine detaillierte Auskunft erteilen.

Ich rief beim Bezirksamt an, die mich an den sozialmedizinischen Dienst verwiesen. Dort erfuhr ich, daß ich auch während der Probezeit Mutterschutz genoß. Ob die Beschäftigung aber auch nach Beendigung der Probezeit weitergehen würde, wußte keiner.

Ich rief bei Pro Familia an, aber alle Mitarbeiter waren so kurz vor Weihnachten im Urlaub oder fürchterlich im Streß. Es war kein Termin mehr frei.

Ich telefonierte mit dem Arbeitsamt, wo mir jemand wenig einfühlsam mitteilte, daß es dann ja wohl Ärger geben würde. Weitere Auskünfte könne man mir nicht geben, da das Arbeitsamt sowohl die Interessen der Arbeitgeber als auch der Arbeitnehmer wahren müsse.

Ich bat eine meiner Freundinnen, die in einer großen Firma arbeitete, sich doch in der Personalabteilung dort zu erkundigen. Auch sie bekam keine eindeutige Auskunft.

Ich fragte meine Frauenärztin. Sie gab ehrlich zu, sich mit arbeitsrechtlichen Dingen nicht auszukennen. Ich las die Broschüren des Senates über Mutterschutz, aber auch dort stand nichts Spezielles über Probezeit drin.

Ich war vollkommen wirr im Kopf. Dabei freute ich mich doch so über die Schwangerschaft. Dann dachte ich, ich kann da nicht anfangen. Aber wovon hätten wir leben sollen? Daniel hatte noch kein regelmäßiges Einkommen, und beim Arbeitsamt hätten sie mich gefragt, warum ich meine feste Anstellung gekündigt habe, wenn ich jetzt nicht bei der neuen

Firma anfangen wollte. Weil es mir peinlich war, schwanger zu sein? Zumindest bekam ich heraus, daß die neue Firma für mich verantwortlich war. Rechtlich gesehen hätte ich sogar bei dem Vorstellungsgespräch verschweigen dürfen, daß ich schwanger war. Aber was nützt schon Recht, wenn die Praxis ganz anders aussieht?

Das Kind sollte am 27. Juli zur Welt kommen. Ich habe von da an immer von der *fahrplanmässigen Ankunft* unseres Kindes gesprochen. Ich wünschte mir, daß unser Kind Ende Juli geboren würde, damit es – im Sternbild des Löwen stehend – stark und kämpferisch würde. Bloß kein Krebs so wie ich, verletzlich und weich. Unser Kind dürfte auf keinen Fall früher kommen!

Unser „Hausbesetzer" war sehr ruhig. Seitdem ich wußte, daß ich schwanger war, war meine Übelkeit vorbei. Ich hatte keine Beschwerden und war zufrieden mit unserem Heranwachsenden.

Nur meine Brust schmerzte. Ich hatte das Gefühl, daß sie eines Tages platzen würde. In dem Buch über das Stillen, das mir Victoria geschenkt hatte, stand einiges über die Abhärtung der Brustwarzen. Ich fing schon jetzt an, sie mit Bürstenmassagen abzuhärten. Schließlich wollte ich beim Stillen keine Brustentzündung bekommen.

Mein morgendliches „Programm" bestand also aus Bürstenmassagen, Wechselduschbädern und anschließendem ausgiebigem Eincremen bzw. Einölen meines Körpers. Ich benötigte eine halbe Stunde länger im Bad als früher. Und das, wo ich frühmorgens um jede Minute kämpfte. Meine Frauenärztin machte sich ein wenig über mich lustig und meinte, es wäre doch noch etwas zu früh. Da ich jedoch nicht genau wußte, wann Schwangerschaftsstreifen auftreten, dachte ich, lieber zu früh als zu spät. Ich wollte von Anfang an alles richtig machen.

Was mir wirklich während der Schwangerschaft zu schaffen machte, das war der Rauch von Zigaretten. Mir wurde richtig schlecht davon. Ich hatte schon früher unter dem sogenannten „passiven" Mitrauchen gelitten und oft Migräneanfälle bekommen, wenn ich bei meiner Arbeit den ganzen Tag über mit Rauchern zusammen war. Zuerst dachte ich, es wäre Einbildung, ja Hysterie, doch dann las ich, daß während der Schwangerschaft die Schleimhäute, insbesondere die Nasenschleimhäute, besser durchblutet werden und deshalb Frauen auf Gerüche, also auch Zigaretten-„geruch", besonders empfindlich reagieren. Da ich darüber hinaus wußte, daß der Rauch auch für das Ungeborene schädlich war, entwickelte ich einen richtigen Haß auf Raucher. Besonders auf solche, die wußten, daß ich schwanger war und mir den „Mief" noch ins Gesicht bliesen.

Beim nächsten Kind werde ich mir das verbitten!

Unser – wie wir dachten – letztes Weihnachtsfest zu zweit erlebten wir sehr intensiv. Daniel schenkte mir beigefarbene Wolleggings mit einem passenden Rollkragen-Pullover und einer weiten Weste, in die mein Bauch richtig hineinwachsen konnte. Die Weste war enorm weit. Meinte er wirklich, daß mein Bauch so dick würde? Meine Oma und meine Mutter kamen abends zum Essen vorbei. Meine Mutter brauchte etwas Zeit, um sich an den Gedanken zu gewöhnen, Oma zu werden. Schließlich war es auch ein großer Einschnitt in ihrem Leben. Sie war ein bißchen traurig darüber, daß sie so weit weg wohnte und deshalb nur wenig von der Entwicklung ihres Enkels mitbekommen würde. Doch der Abend verlief ganz harmonisch, und wir begeisterten uns alle an dem Gedanken, daß nächste Weihnachten unser kleines Baby dabei sein würde.

Ich telefonierte mit meiner Freundin Laura. Laura wohnte in der Nähe von Bonn. Ich kannte Laura aus meiner Studienzeit.

Ich wollte ihr gerne von meiner Freude über das Baby erzählen, von den Büchern, die ich gerade las und von der aufregenden Welt, in der ich mich bewegte, aber sie schien desinteressiert. Ich bekam folgende Kommentare zu hören,:

„Meinst du nicht, du übertreibst das alles? Ich würde an deiner Stelle gar nicht so viele Bücher lesen. Meine Schwägerin hat drei Kinder und niemals Zeit gehabt, sich auf die Schwangerschaft und Geburt vorzubereiten. Sie hat immer gearbeitet. Das finde ich nachahmungswert! Sie hat auch während der Schwangerschaft täglich ein Glas Sekt getrunken. Alle Kinder sind gesund! Und mit dem Rauch siehst du das auch zu eng: Ich kenne Frauen, die rauchen bis zur Geburt und bekommen ganz normale Kinder."

Der Vorwurf, ich sei überängstlich, beschäftigte mich noch lange. Irgendwann hielt ich es nicht mehr aus und rief Tanja an, eine meiner Freundinnen. Tanja arbeitete als Arzthelferin in einer Frauen-Poliklinik in Berlin. Tanja sagte:

„Selbst wenn du hysterisch wärst, was ich nicht glaube, na und? Es ist dein Kind, und wenn irgend etwas mit ihm passiert oder es behindert ist, wirst du es jahrelang pflegen müssen. Es wird dir keiner helfen. Nicht diejenigen, die dir den Rauch ins Gesicht geblasen haben. Ich wäre an deiner Stelle zickig! Wie kann ein anderer es wieder gut machen, falls wirklich etwas mit dem Kind passiert? Und laß sie doch reden, vielleicht ist sie nur neidisch. Ich habe genug in der Klinik erlebt und kann jeder Frau nur raten, so zickig wie nur möglich zu sein. Lieber jetzt unbequem sein, anstatt es jedem recht zu machen und dann ein krankes Kind in den Armen zu halten. Du machst das schon richtig!

Beim nächsten Kind werde ich zickig sein!

In der ersten Januarwoche mußte ich zu der Zentrale meiner neuen Firma nach Düsseldorf fliegen. Ich sollte dort eingearbeitet werden. Mein Vorgesetzter war zu diesem Zeitpunkt im Urlaub, so daß ich jeden Tag aufs neue rätselte, wem ich meine Schwangerschaft offenbaren könnte. Ich stand unter Hochspannung. Außerdem fühlte ich mich ohne Daniel abends im Hotel ziemlich einsam. Auf einmal bekam ich Blutungen. Ich geriet in Panik, weil ich das Kind nicht verlieren wollte. Mit einem Taxi fuhr ich ins nächste Krankenhaus. Auf der Gynäkologie empfing mich eine junge Ärztin. Sie fragte mich:

„Könnte ich bitte ihren Mutterpaß haben?"
„Den habe ich noch nicht."
„Warum noch nicht?"
„Den soll ich erst bei der nächsten Kontrolluntersuchung erhalten."
Sie untersuchte mich lange mit dem Ultraschallgerät und meinte:
„Also die Blutungen kommen nicht aus der Gebärmutter, und mit dem Kind ist auch alles in Ordnung."
„Da bin ich ja froh. Bekomme ich Zwillinge?"
„Wieso glauben Sie, daß Sie Zwillinge erwarten?"
„Ich finde, daß mein Bauch schon sehr dick ist."
„Es ist nur ein Kind. Und der Bauch ist ganz normal! Es ist alles in Ordnung. Aber ich würde Sie gerne zur Kontrolle hierbehalten, natürlich nur, wenn Sie einverstanden sind."
„Dann möchte ich nicht hierbleiben. Ich rege mich in Krankenhäusern nur unnötig auf."
„Es ist ihre Entscheidung. Ich mache Ihnen den Bericht für ihre Frauenärztin fertig. Bitte ziehen Sie sich an und warten einen Moment im Gang."

Ich fuhr wieder ins Hotel zurück. Ich duschte warm und ging dann ins Bett. Ich streichelte lange Zeit meinen Bauch und sprach mit meinem Baby. Ich versprach ihm, daß ich mich nicht mehr unnötig aufregen würde. Die Vorstellung, ein kleines Etwas im Bauch zu haben, war noch sehr abstrakt für mich. Sollte wirklich ein kleiner Mensch in mir heranwachsen? Spürte es meine Ängste, meinen Streß bei der Arbeit? Hoffentlich hatte das Fliegen nicht geschadet. Hatte ich deswegen Blutungen? Könnte es doch noch zu einer Fehlgeburt kommen? Aber nein, die Ärztin hatte ja gesagt, es wäre alles in Ordnung. War der Rauch daran schuld? Ich saß in der Firma doch den ganzen Tag in Raucherzimmern. Ich ersehnte den Augenblick, an dem mein Baby groß genug war, um im Bauch zu strampeln. – Damit ich es spüren konnte.

Da ich in Düsseldorf keinen geeigneten Ansprechpartner für mein „Problem" fand, entschloß ich mich, meinem Vorgesetzten von Berlin aus zu schreiben. In dem Brief teilte ich ihm mit, daß ich schwanger war und entschuldigte mich für die dadurch entstehenden Umstände. Ich unterbreitete ihm den Vorschlag, daß ich gleich nach meiner Mutterschutzzeit wieder halbtags tätig sein könnte. Da ich die Ausbildereignungsprüfung hatte, könnte man einen Auszubildenden einstellen. Auf diese Weise wären die Reservierungskräfte entlastet, und die Personalkosten könnten gering gehalten werden. Es war ein Vorschlag, um ihm zu zeigen, daß ich mir Gedanken gemacht hatte. Denn eigentlich wollte ich erst einmal nicht arbeiten, um nur für unser Baby da zu sein. Ich hörte einige Zeit nichts.

Beim nächsten Kind gehe ich keine Kompromisse ein!

Dritter Monat

Daniel begleitete mich zu jeder Kontrolluntersuchung. Er saß immer gespannt im Wartezimmer. Am 18. Januar bekam ich endlich meinen Mutterpaß. Nun hatte ich es schwarz auf weiß: Wir bekommen ein Kind! Die Ergebnisse der ersten Bluntuntersuchungen waren in Ordnung. Stolz trug ich von nun an dieses kleine, blaue Heftchen immer bei mir.

Daniel durfte mit zu der Ultraschalluntersuchung. Wir hatten uns zu Hause eine Menge Fragen überlegt, aber als wir dann unser kleines Baby auf dem Monitor Purzelbäume schlagen sahen, vergaßen wir vor Rührung alles. Die Ärztin erklärte Daniel das Ultraschallbild.

Später auf dem Nachhauseweg sagte Daniel entrüstet:

„Wir hatten doch so viele Fragen, warum hast du denn nichts gefragt?"

„Wieso eigentlich immer ich? Du warst doch auch dabei? Warum hast du denn nichts gefragt?"

„Ich habe vor Aufregung alles vergessen. Unser Kind sah so niedlich aus."

Von da an hatten wir einen Schreibblock auf unserem Wohnzimmertisch liegen und notierten uns alles, was uns einfiel. Es entstanden seitenlange Fragebögen.

Beim nächsten Kind werde ich gleich alles aufschreiben!

Wir änderten viele Gewohnheiten: Statt abends fernzusehen, lasen wir gemeinsam Bücher, natürlich meistens über Schwangerschaft und Geburt. Oder wir hörten zusammengekuschelt auf unserem Sofa schöne Musik. Wir wuchsen noch mehr zusammen durch die Freude auf unser Kind und erlebten alles sehr intensiv. Wir achteten mehr auf unsere Ernährung, abwechslungsreich, vollwertig und vitaminreich mußte sie sein. Wir gingen in klassische Konzerte und genossen *unsere* Schwangerschaft. Am Wochenende unternahmen wir ausgiebige Spaziergänge und besuchten fast jeden Samstag den Winterfeldmarkt, einen großen Berliner Wochenendmarkt. Dort deckten wir uns mit Gemüse und Obst für die ganze Woche ein. Wir kochten schöne Gerichte und schliefen viel.

Etwa in der Mitte des dritten Monats war ich ständig müde und schlief, nachdem ich von der Arbeit nach Hause gekommen war, sofort auf dem Sofa ein. Ich wurde erst wieder wach, wenn Daniel spät abends nach Hause kam. Dann gab ich ihm noch einen Kuß und ging „richtig" schlafen. Ich sagte mir, daß ich jetzt alles vorschlafen würde, was ich später, wenn unser kleiner Schreihals da wäre, als „Schlafreserve" benötigen würde. Es war ein schönes Alibi. Und Schlafen war schon etwas Herrliches!

Auch beim nächsten Kind werde ich gerne und viel schlafen!

Obwohl ich nicht für zwei aß, paßten mir bald meine Anziehsachen – nur mit Ausnahme der Weihnachtsweste – nicht mehr, so daß ich Daniels Hosen zu tragen anfing. Durch die Schwangerschaft hatte ich das Gefühl, sogar in der männlichsten Männerkleidung unbeschreiblich weiblich zu sein. Und ich hatte wirklich oft sehr, sehr männliche Sachen an. Was sollte ich auch machen? Alles neu kaufen? Die klassische „Umstandsmode" fand ich spießig, langweilig und teuer, und Victorias Kleider waren noch zu sommerlich. Zum Glück hatte Daniel einen großen Kleiderschrank, da fand ich immer etwas.

Meine Arbeit machte mir Spaß. Mit meinen Kolleginnen verstand ich mich bestens. Wir hatten ein gutes Betriebsklima. Ich erzählte ihnen von meiner Schwangerschaft und daß ich nicht wußte, wie alles werden würde, da ich noch immer auf die Reaktion meines Vorgesetzten wartete.

Nach einiger Zeit meldete er sich telefonisch bei mir. Ich saß gerade an meinem Schreibtisch in unserem modernen Büro und überarbeitete die Agenturanträge. Mein Herz rutschte mir in die Hose (in Daniels Hose). Er sagte:

„Ich habe Ihren Brief erhalten. Das war natürlich ein Schreck."

„Ich kann verstehen, daß sie überrascht waren. Es kam auch für mich unerwartet. Mir ist die Sache wirklich unangenehm."

„Konnten Sie das nicht früher wissen?"

„Nein, leider nicht. Ich habe mich sogar vorher noch rückversichert, nicht schwanger zu sein. Ich hätte niemals meinen alten Arbeitsplatz aufgegeben, wenn ich das gewußt hätte."

„Tja, was machen wir denn jetzt?"

„Ich habe Ihnen doch einen Vorschlag unterbreitet."

„Der ist indiskutabel für uns. Eine so tragende Stelle, wie Sie sie haben, kann man nicht auf eine Halbtagsstelle reduzieren. Könnten Sie mir denn jetzt sagen, wann und wie wir wieder mit Ihnen rechnen können?"

„Mehr als Ihnen anbieten, daß ich nach acht Wochen Mutterschutz erst einmal wieder halbtags arbeite, kann ich nicht. Das ist mein erstes Kind. Ich weiß ja gar nicht, was auf mich zukommt."

Abgesehen davon, ist eine Frau erst nach der Geburt verpflichtet, dem Arbeitgeber mitzuteilen, ob und wie lange sie in den Erziehungsurlaub gehen wird. Wie sollte ich das jetzt schon im dritten Monat entscheiden? Vielleicht ginge es Daniel beruflich bis dahin noch nicht so gut, und er bliebe zu Hause. Dann mußte ich arbeiten, aber das wußte ich doch jetzt noch nicht!

Herr Möller: „Ich hätte da eine Idee. Sie könnten bis zum Ende der Probezeit Ihre Arbeit ausüben und würden dann den Vertrag von sich aus kündigen. Wie Sie vermutlich wissen, finden wir jederzeit Gründe für eine Kündigung. Ich schätze

Sie sehr und möchte Ihnen solche unschönen Dinge ersparen. Aber ich muß auch an das Firmenwohl denken. Werden Sie in Ruhe über meinen Vorschlag nachdenken?"

„Ja, ich überlege es mir!"

Wir beendeten das Gespräch. Ich zitterte im nachhinein noch.

Ich rief den Betriebsrat an und fragte, wie ich mich verhalten sollte. Die Betriebsrätin wollte sich sachkundig machen und mich zurückrufen. Abends war ich ziemlich verwirrt und hatte Angst. Ich sah auf einmal nur noch Probleme. Abmahnungen? Kündigung? Was war dann mit meinem Ruf in der Arbeitswelt? Schließlich hatte ich mir die ganzen Jahre über einen Namen verschafft und immer gute Zeugnisse vorweisen können. Auf einmal sollte ich dies alles verlieren? Weil ich schwanger war? Ich konnte die ganze Nacht nicht richtig schlafen.

Am nächsten Morgen fuhr ich gereizt in mein Büro. Als ich auf der Toilette war, entdeckte ich, daß ich Blutungen bekam. Woher kamen die? Was ist mit meinem Kind? Ich fuhr sofort zur Frauenärztin. Die Fahrt war schrecklich. Ich machte mir Sorgen, daß etwas mit meinem Kind sein könnte. Bei der Untersuchung stellte sie fest, daß die Blutungen vom Muttermund ausgingen.

„Ich werde Sie zwei Wochen krank schreiben und Ihnen Magnesiumtabletten geben. Die lutschen Sie bitte dreimal täglich und gönnen sich viel Ruhe. Sie müssen liegen. Es ist allerhöchste Alarmstufe. Sie dürfen sich nicht aufregen, sonst gefährden Sie Ihr Kind."

„Reicht es nicht, wenn Sie mich erstmal eine Woche krank schreiben?"

„Warum nur eine Woche?"

„Ich habe Angst, noch mehr Ärger bei der Arbeit zu bekommen. Ich habe Ihnen doch erzählt, daß das alles etwas unglücklich angefangen hat. Mein Vorgesetzter denkt doch, ich drücke mich."

„Wenn Sie Streß mit Ihrer Arbeit haben, kann ich Sie auch länger krank schreiben, wenn es sein muß bis zum Ende ihrer Schwangerschaft. Es geht jetzt nicht um Ihre Arbeit, sondern darum, daß es Ihnen und Ihrem Kind gut geht."

„Aber genügt nicht erst eine Woche?"

„Einverstanden, aber Sie kommen bitte nächste Woche noch einmal zur Kontrolle. Dann entscheide ich, ob ich Sie weiterhin krank schreibe oder nicht. Jetzt denken Sie mal nur an sich und Ihr Baby."

Ich legte mich zu Hause sofort auf unser Sofa und begann, Magnesiumtabletten zu kauen.

Wieder einmal hatte ich mich von außen unter Druck setzen lassen und damit unser Kind gefährdet.

Die Betriebsrätin rief an und erklärte mir, daß auch während der Probezeit Mutterschutz bestände, und daß ich mich nicht in die Enge treiben lassen sollte. Ich sei im Recht und wäre unkündbar.

Beim nächsten Kind weiß ich es und laß mich nicht unter Druck setzen!

Mit dieser Gewißheit konnte ich mich in der einen Woche erholen und meinem Kind versprechen, daß ich mich nicht mehr verrückt machen lassen, sondern um unsere Rechte kämpfen würde. Die Blutungen hörten nach zwei Tagen wieder auf. In der darauffolgenden Woche ging ich arbeiten.

Mein Vorgesetzter ließ mich erst einmal in Ruhe. Ich besuchte Reisebüros und kümmerte mich um die Verteilung der Neuagenturen. Ich traf bei meinen Besuchen viele alte Bekannte, die sich alle über meinen Zustand freuten und mich darin bestärkten, daß ich im Recht war und mich bloß nicht beirren lassen sollte. Wer soll denn sonst Kinder bekommen, wenn nicht wir Frauen? Und wir brauchen doch Kinder! Wer soll denn sonst in Zukunft die Steuern bezahlen? Aber honoriert jemand die Arbeit, die wir im Kindergebären und -aufziehen leisten ? Nein, wir werden dafür auch noch bestraft.

Langsam füllte sich mein Mutterpaß mit Informationen über mein Kind. Bei einer weiteren Kontrolluntersuchung bat ich die Ärztin, noch einmal nachzusehen:

„Ist alles dran? Ich mache mir Sorgen. Ich habe das Gefühl, es ist nicht alles dran. Hat es auch alle Arme und Beine?"

„Warum sollte es die nicht haben? Kommen Sie mit in den Ultraschallraum, wir sehen noch einmal nach."

Ich konnte das Baby auf dem Monitor betrachten.

„Schauen Sie, es ist alles in Ordnung! Hier sind die Beine und die Arme. Es ist alles da. Hier sehen Sie das Herzchen schlagen!"

„Meinen Sie, daß wir eine Fruchtwasseruntersuchung machen sollten?"

„Warum?" Pause. *„Nein, Sie sind jung, gesund und erblich nicht vorbelastet.* Das Kind ist normal entwickelt. Es besteht kein Grund dafür. Ängste hat jede Frau während der Schwangerschaft. Das ist ganz normal."

„Dann bin ich ja beruhigt. Ich habe manchmal das Gefühl, es stimmt was nicht. Können Sie das Geschlecht des Kindes sehen? Wird es ein Junge? Ich spreche immer von ‚ihm'!"

„Das Geschlecht kann ich leider nicht feststellen, weil es sich weggedreht hat. Nächstes Mal können wir es vielleicht besser sehen!"

„Kann ich weiterhin zum Bauchtanz gehen?"

„Bauchtanz wird Ihnen und Ihrem Kind gut tun."

Ich bedankte mich und verließ die Praxis.

Abends ging ich zum Bauchtanz. Ich zog mich schon zu Hause um. Ein paar Leggings, ein T-Shirt und ein buntes Tuch um die Hüften und meine Gymnastikschuhe in der Hand – so fuhr mich Daniel hin. Die Bauchtanzschule befand sich in einer Fabriketage auf einem Hinterhof. Da es im Winter früher dunkel war, war mir der Hinterhof etwas unheimlich. Daniel fuhr mich deshalb jedesmal hin, begleitete mich bis zur Tür und holte mich auch wieder ab.

Als ich das erste Mal mit Baby im Bauch hingegangen war, hatte ich natürlich von unserem „Hausbesetzer" erzählt. Alle anderen Frauen hatten sich mitgefreut.

Der Tanzraum war nicht besonders groß. An den Wänden hingen bunte, glitzernde Stoffe. In der einen Ecke stand eine kleine Duftlampe, die orientalische Gerüche verbreitete. Dann gab es noch eine kuschelige Sitzecke. Viele bunte Kissen lagen auf dem Boden. Es gab immer Knabbereien und

Tee. Nach jeder Stunde hatten wir Zeit, um uns auszuruhen, zu reden und eine Tasse Tee miteinander zu trinken. Ich war meist umringt von Frauen, die sich neugierig nach meinen Befinden erkundigten. Ich genoß diese Neugierde. Ja, hier waren Frauen, die alles von „uns" wissen wollten. Hier wurden Geschichten ausgetauscht und Erfahrungen weitergegeben. Vor allem aber: Hier wurde ich bewundert, denn die Frauen sahen Woche für Woche meinen Bauch wachsen und bemerkten die Zufriedenheit und die Freude, die ich ausstrahlte.

Meine Bauchtanzlehrerin sagte:

„Du wirst von Woche zu Woche schöner. Alles verändert sich. Dein Gesicht wirkt immer zarter, weicher und mütterlicher. Und dieses Leuchten deiner Augen, alles scheint zu strahlen. Es muß ein ganz glückliches Kind werden."

Im ersten Drittel der Stunde entspannten wir uns. Dann tanzten wir nach kleinen Choreographien. Ich stellte mir mein Baby immer herumwirbelnd im Bauch vor. Wahrscheinlich hielt es sich jetzt gerade an der Wirbelsäule fest oder schlug Purzelbäume. Hoffentlich wurde ihm nicht schlecht! Zärtlich wog ich meine Hüften zur orientalischen Musik.

Auch das nächste Kind werde ich Purzelbäume schlagen lassen!

Laura rief uns eines Tages an:

„Wie geht's dir denn mit deinem Baby?"

„Uns geht's gut, wir sind glücklich und werden rund. Was ist bei euch so los?"

Ruhige Stimme: „Ich bin auch schwanger!"

„Das ist ja super. Aber was ist mit deiner Stimme, freust du dich nicht?"

„Ich weiß nicht, wir bekommen Zwillinge!"

„Zwillinge? Aber das ist doch toll! Du wolltest doch schwanger werden!"

„Schwanger ja, aber Zwillinge?"

„Also ich finde das gut! Dann habt ihr alles gleich auf einmal erledigt. Und es ist was Besonderes! Es bekommt ja schließlich nicht jeder Zwillinge. Wölfchen hat doch den Hang zum Außergewöhnlichen!"

„Vielleicht hast du recht. Ich muß mich erst mal an den Gedanken gewöhnen!"

„Und wie geht's dir so mit deiner Schwangerschaft? Ist dir übel?"

„Also übel eigentlich nicht. Ich rauche nicht mehr, trinke keinen Alkohol mehr. Nur als wir im Urlaub waren, war es mir ständig schlecht. Das ist jetzt vorbei."

Ich dachte: Ach, jetzt nicht mehr rauchen und mich behandeln, als wäre ich eine hysterische Schwangere.

„Hast du schon zugenommen?"

Ich antwortete:

„Ja mächtig! Seitdem ich weiß, daß ich schwanger bin, esse ich regelmäßiger. Außerdem macht es mir auch richtig Spaß zu essen."

„Ich will auf keinen Fall zu dick werden. Ich achte sehr darauf."

Ich dachte, das wird dir aber bei Zwillingen schwerfallen.

Vierter Monat

Anfang Februar mußte ich zu einer Verkaufsleitersitzung in die Zentrale fliegen. Anscheinend wußte schon die ganze Firma, daß ich, die Neue, schwanger war. Ein Skandal! Als ich durch die Gänge des modernen Bürohauses ging, wurde ich von vielen angesprochen.

Leute, die ich vorher noch nie gesehen hatte, gaben ihr Urteil ab. Die meisten sagten etwas in Richtung „unangenehme Sache". Einer gestand mir, daß er nicht in meiner Haut stecken möchte. Eine einzige Frau kam im Gang auf mich zu, wollte meinen Bauch fühlen und sagte, daß sie sich freute. Ich hätte sie dafür küssen können.

Wir hatten zwei Tage Meetings, an denen alle Regionalleiter und Verkaufsförderer der Firma teilnahmen. Wir saßen in einen schlecht klimatisierten Konferenzraum und diskutierten über neue Marketingstrategien und Organisationsverbesserungen. Mein Vorgesetzter leitete die Diskussionsrunde. Ich hatte mir in Berlin viele Notizen über Verbesserungsmöglichkeiten gemacht und brachte einiges vor.

Am letzten Tag unseres Meetings hatten wir Zeit für Einzelgespräche. Mein Vorgesetzter bat mich, an seinen Schreibtisch „ranzurutschen". Schließlich sei er ja kein Unmensch. Er sagte in fast freundschaftlichem Ton:

„Also, ich habe mich erkundigt. Es ist überhaupt kein Problem für Sie, wenn Sie kündigen."

„Auch ich habe mich erkundigt. Ich bin im Mutterschutz und möchte nicht kündigen."

Sein Ton wurde etwas unfreundlicher: „Sie haben doch aber gesagt, daß Sie es sich überlegen werden. Sie wissen doch, daß es unschöne Dinge gibt, wie Abmahnung und und und ..."

Ich antwortete ruhig:

„Ich habe es mir überlegt. Soweit ich informiert bin, können Sie mich nicht kündigen. Ich möchte auf keinen Fall, daß wir uns streiten, denn ich verstehe, daß es für Ihr Unternehmen unangenehm ist. Aber ich versichere Ihnen nochmals, daß ich nicht den Arbeitsplatz gewechselt hätte, wenn ich von der Schwangerschaft gewußt hätte. Nun will ich nicht auf meine Rechte verzichten. Ich möchte nicht mehr als mir zusteht, aber auch nicht weniger!"

Scharfer Ton:

„Ich habe Ihnen beim Vorstellungsgespräch gesagt, daß Sie nicht schwanger sein dürfen. In Ihrer Position geht das nicht!"

„Sie haben mir nicht gesagt, daß ich nicht schwanger sein darf!" (Er hätte es mir auch nicht sagen dürfen!)

„Haben Sie denn nicht an Abtreibung gedacht?"

„Nein! Darüber brauchen wir auch gar nicht mehr zu reden, der Zeitpunkt ist vorbei."

„Wenn Sie nicht kündigen wollen, dann geht das Ganze jetzt an die Personalabteilung."

Wir verabschiedeten uns höflich voneinander.

Zurück in Berlin, ging ich meiner Arbeit gewissenhaft nach und besuchte die Reisebüros. Das Autofahren machte mir Beschwerden. Wenn ich allzulange im Auto saß, begann mein Bauch zu schmerzen, und mir wurde übel. Aber ich wollte mir nichts zuschulden kommen lassen.

Eines Tages erfuhr ich, daß mein Vorgesetzter einen Nachfolger für mich gefunden hatte. Er sollte Anfang März im Büro anfangen. Ich fragte mich, wie mein Vorgesetzter einen „Neuen“ einsetzen konnte, wenn er gar nicht wußte, wie lange ich im Erziehungsurlaub sein würde. Schließlich mußte ich das erst nach der Geburt mitteilen.

Aber zu sehr wollte ich mich nicht darüber aufregen, denn es hatte sich ja gezeigt, wie schnell ich Blutungen bekam. Jetzt zählte erst einmal nur mein Kind!

Eine Angestellte der Personalabteilung erklärte mir, daß mir mein Arbeitsplatz rechtlich zustand. Da aber mit Schwierigkeiten zu rechnen war – der „Neue“ hatte einen unbefristeten Vertrag erhalten –, wurde der Betriebsrat eingeschaltet. Ich kannte meinen Nachfolger schon von seiner früheren Tätigkeit bei einer Fluggesellschaft. Ich hatte ihn bei einer Reisebüroeröffnung kennengelernt. Er hatte auf mich einen unaufrichtigen Eindruck gemacht. Angeblich hatte er bei seiner Einstellung nichts davon gewußt, daß ich Anspruch auf meinen Arbeitsplatz erhob. Er tat zumindest überrascht. Da er bei seinen letzten beiden Stellen Bauchlandungen gemacht hatte, kämpfte er mit allen Mitteln um seinen neuen Arbeitsplatz.

Ich erklärte ihm zum Beispiel, daß alle Regionalleiter unserer Firma nur eine halbe Stunde täglich Mittagspause nahmen, um dafür freitags früher ins Wochenende gehen zu können. Dies war eine einheitliche Regelung, damit sich keiner bei unserem Vorgesetzten profilieren konnte. Prompt schrieb er in seinen Kontaktbericht, den er jede Woche unserem Chef schickte, daß er Freitag nachmittag noch Reisebüros besucht hatte. Vorfälle dieser Art häuften sich. Ich kam mir wie im Kindergarten vor. Meine Arbeitskolleginnen entwickelten schon Haßgefühle gegen ihn und wünschten, daß ich dabliebe. Einen Vorteil hatte er mir gegenüber, er konnte nicht schwanger werden! Und das schien als Bonus auszureichen.

Immerhin hatte ich es seinem Erscheinen zu verdanken, daß ich meinen Urlaub vor der Mutterschutzzeit nehmen konnte. So konnte ich mich einige Wochen früher auf die „fahrplanmäßige Ankunft" unseres Babys vorbereiten. Die Arbeit fiel mir immer schwerer. Über Wochen hatte ich einen juckenden Hautausschlag. Meine Ärztin konnte mir keinen Rat geben, was ich dagegen tun könnte. Zum Hautarzt wollte ich nicht gehen, nachher hätte der mir Medikamente verschrieben, die meinem Baby schadeten. Der Juckreiz wurde so schlimm, daß ich eine Woche zu Hause bleiben mußte. Eigentlich wollte die Ärztin mich noch länger krank schreiben, aber ich wollte nicht so lange fehlen. Als ich ein wenig Ruhe gefunden hatte, ging der Ausschlag wieder weg. Mein Nachfolger rief sofort am ersten Tag zu Hause an:

„Hallo, hier ist Arnold. Du brauchst doch deinen Firmenwagen nicht. Kann ich ihn haben?"

„Ja. Der Wagen steht vor meiner Tür."

„O.k. Ich komme dann in einer Stunde vorbei. Bist du zu Hause?"

„Natürlich bin ich das. Ich liege auf meinem Sofa. Sonst mache ich nichts."

„Na dann bis gleich."

„Bis gleich."

Ein paar Tage später – die Tourismusmesse in Berlin hatte gerade angefangen – rief er wieder an.

„Herr Möller läßt fragen, ob wir uns nicht alle drei am Abend auf einen Drink treffen können, um alles durchzusprechen."

„Ich würde mich sehr gerne mit euch treffen, aber momentan bin ich krank, liege auf dem Sofa und gehe nicht irgendwo was trinken. Wenn ich wieder gesund bin gerne und jederzeit! Bestell Herrn Möller bitte schöne Grüße. Ich melde mich, wenn es mir wieder besser geht."

„Ich habe mir das ja auch schon gedacht. Jetzt muß ich Schluß machen. Gute Besserung natürlich noch!"

Es verging kaum ein Tag, an denen meine Kolleginnen und ich uns nicht über meinen Nachfolger ärgerten. Aber Ärger bekam meinem Kind nicht. Außerdem war für mich ja ein Ende abzusehen.

Ich rief Laura des öfteren an, um mich zu erkundigen, wie es ihr ging. Leider war immer nur der Anrufbeantworter angeschaltet. Da sie mich nie zurückrief, hatte ich den Verdacht, daß sie die Kinder verloren hatte. So war es dann auch. Laura hatte in der 10. Woche leichte Blutungen bekommen. Als sie zum Arzt ging, konnte dieser keine Herztöne mehr feststellen. Sie mußte ausgeschabt werden. Es tat mir wirklich leid. Sie hatte eines abends angerufen und mir alles erzählt. Ich fragte sie:

„Und wie geht es dir jetzt?"

„Ach, eigentlich geht es mir wieder gut. Vielleicht ist es auch besser so. Während unserer Reise wußte ich noch nicht, daß ich schwanger bin. Ich hatte ständig Durchfall, nahm Medikamente, rauchte noch und trank Alkohol. Dann war da auch noch der lange Flug."

„Arbeitest du denn schon wieder?"

„Ja, ich bin eine Woche später wieder arbeiten gegangen. Ich war ja nicht krank."

„Und bei der Arbeit, war das nicht schwierig für dich? Die wußten doch von der Schwangerschaft."

„Ach, alle waren ganz mitfühlend. Mein Chef hat mir erzählt, daß seine Frau auch schon einige Fehlgeburten hatte."

„Und wie geht es Wolf-Peter?"

„Dem hat die ganze Sache ziemlich zugesetzt! Er hat das viel schlechter verkraftet! Was soll's. Der Arzt hat gesagt, in drei Monaten könnten wir es wieder versuchen.

Ich bewunderte Laura. So leicht hätte ich das nicht wegstecken können.

Fünfter Monat

Daniel schenkte mir eine CD von „Extrabreit" mit dem Lied: „Für mich soll's rote Rosen regnen, mir sollten sämtliche

Wunder begegnen ..." Es wurde mein absolutes Lieblingslied. Wenn ich es zu Hause hörte, tanzte ich immer mit unserem Baby im Wohnzimmer umher. Da mein Firmenwagen einen CD-Player hatte, konnte ich das Lied auch immer auf der Heimfahrt hören. Ich textete es für unser Kind um: Für dich soll's rote Rosen regnen, dir sollen sämtliche Wunder begegnen...

Das war unser „Feierabend-Ritual": ins Auto einsteigen, den Bauch zärtlich streicheln, dann losfahren und unserem Kind erzählen:

„Hallo, kleiner Muck. Wir haben jetzt Feierabend. Jetzt habe ich nur noch Zeit für dich. Höre gut zu: „Für dich soll's rote Rosen regnen...!"

Es gab mehrere Rituale: Frühmorgens, bevor ich aus dem Bett stieg, legte ich meine Hand auf meinen Bauch und streichelte ihn ein paar Minuten. Dabei flüsterte ich:

„Guten Morgen, mein kleiner Spatz. Bist du auch schon wach? Oder schläfst du noch?

Meistens boxte das Baby dann gegen die Hand. Eine ähnliche „Unterhaltung" führten wir vor dem Einschlafen.

Was wir auch taten, unser Baby war dabei. Selbst wenn wir miteinander schliefen, haben wir an unser Baby gedacht. Wir stellten uns vor, wie es in seiner Fruchtblase saß und entrüstet reagierte, wenn es „Besuch" bekam. Vielleicht freute es sich ja auch!

Daniel schien mich von Monat zu Monat erotischer zu finden. Je runder ich wurde, desto anziehender wirkte ich auf ihn. Vielleicht war es auch so aufregend, weil wir ganz unbeschwert miteinander schlafen konnten, ohne dieses ewige Kopfzerbrechen über Verhütungsmaßnahmen. Es war einfach schön, miteinander zu schlafen.

Mit der Liebe zu meinem Kind wuchs auch meine Liebe zu Daniel. Ich liebte ihn um so mehr, weil er der Vater meines Kindes war.

Wir besuchten die Informationsabende der einzelnen Krankenhäuser, um uns anschließend zu entscheiden, wo unser

Kind zur Welt kommen sollte. Es stand von Anfang an fest, daß Daniel dabei sein würde.

Der erste Abend fand im „Waldfrieden" statt, einem neurenovierten, sehr persönlich wirkenden Krankenhaus.

Der Informationssaal war brechend voll. Anscheinend hatten wir ein geburtenstarkes Jahr erwischt. Der Arzt, der die Einführung hielt, erklärte sehr genau den Ablauf der Geburt und fächerte die Vor- und Nachteile der schmerzlindernden Mittel auf. So erfuhr ich, daß nach einer PDA (Peridural-Anästhesie) bis zu einer Woche Kopfschmerzen auftreten können. Das war für mich sehr wichtig, weil ich häufig unter Migräne litt. Nach knapp zwei Stunden dichtgedrängter Informationen – die meisten Begriffe waren völlig neu für uns – erhielten wir die Chance, uns den Kreißsaal anzusehen Ungefähr 150 Menschen liefen die Treppe hinauf zur Kreißsaalstation. Zuerst durften wir einen Blick in das Vorwehenzimmer werfen. Es war freundlich eingerichtet mit Tapeten an der Wand, gedämpftem Licht und ruhiger Musik. Daniel und mir gefiel es hier sofort. Es gab auch einen Gebärhocker und Pezibälle. Sogar der Kreißsaal war tapeziert. Die Atmosphäre war fast familiär. Ich ging enorm beruhigt wieder nach Hause.

Das Ansehen von Krankenhäusern wurde zu einer kleinen Pilgerfahrt für uns. Wir wollten ganz sicher gehen!

Nur Gutes gehört hatten wir bisher vom Gertraudenkrankenhaus, einem schon etwas älteren, katholischen Haus. Zum Informationsabend saßen wir in einem sehr stickigen Raum irgendwo im Kellergewölbe. Ein recht junger, sympathischer Arzt hielt den Vortrag. Diesmal kamen wir mit den vielen Fachbegriffen besser zurecht. Wir erfuhren, daß auch in diesem Krankenhaus das Baby bei Komplikationen in ein weiter entferntes Kinderkrankenhaus gebracht werden müßte. Auf meine Frage, ob es hier denn einen „organisierten Milchtransport" gäbe, erntete ich zunächst schallendes Gelächter. Wir erfuhren dann aber doch, daß die Eltern sich selber um den Milchtransport kümmern müssen. Auch hier machte der Kreißsaal einen beruhigenden Eindruck: gedämpftes Licht, Aromaduftlämpchen, ein mit dicken Kissen ausgestatteter

Gebärstuhl. Auch ein Gebärhocker und Pezibälle standen zur Verfügung. Ich fragte den Arzt:

„Gibt es auch Musik im Kreißsaal?"

„Ja, aber Sie müssen sich Ihre eigenen Kassetten mitbringen. Früher gab es eine einheitliche Musik. Aber die hat nicht jeder Gebärenden gefallen!"

Neben dem Kreißsaal war der Untersuchungsraum für die Babys. Man konnte durch eine Glasscheibe direkt hineinsehen. Es machte alles einen sehr guten Eindruck. Der einzige Nachteil war, daß das Haus schon sehr alt war. Auf der Wöchnerinnenstation gab es auch Vierbettzimmer. Die Vorstellung, mit drei anderen Frauen auf engstem Raum zusammenzuliegen, begeisterte mich nicht.

Unser letzter Informationsabend war in der Pulsklinik, einer Universitätsklinik. Der Arzt, der den Abend in einem großen Vorlesungsraum gestaltete, war uns auf Anhieb unsympathisch. Er wirkte überheblich und an der Sache eigentlich desinteressiert. Das machte sich in der Art, wie er Fragen beantwortete, bemerkbar. So fragten zum Beispiel manche Frauen nach der Anwendung von homöopathischen Mitteln zur Schmerzlinderung. Er lächelte arrogant und gab zu, daß er davon nicht viel hielte, aber er müsse ja auch keine Kinder kriegen.

Nach diesem Abend wußten wir, daß wir hier auf keinen Fall hingehen wollten. Sein Gesicht wollte ich bei der Geburt bestimmt nicht sehen. Der Kreißsaal wurde uns per Dia gezeigt. Er wirkte auf mich sehr kalt, grün gekachelt und mit vielen Geräten um das Bett herum. Wir hatten uns die Pulsklinik angesehen, weil das Kinderkrankenhaus hier gleich angeschlossen war. Ein absoluter Pluspunkt, falls Komplikationen auftreten sollten. Es stellte sich aber heraus, daß das Kinderkrankenhaus in einem anderen Trakt des riesigen Gebäudes untergebracht war. Die Frauen lagen also nicht direkt in der Nähe ihrer Kinder. Daniel war derselben Meinung wie ich: Hier wollten wir nicht hin. Wir kamen uns wie in einer Fabrik vor und waren froh, als wir wieder draußen waren.

Beim nächsten Kind werden wir uns wieder verschiedene Krankenhäuser ansehen!

Sechster Monat

Wir hatten uns für das Krankenhaus „Waldfrieden" entschieden. Ich meldete uns dort zur Schwangerschaftsgymnastik an, weil ich dachte, daß es besser ist, die Gymnastik auch dort zu machen, wo entbunden werden sollte. So hatten wir eine Chance, das Krankenhaus und die Hebammen schon vorab kennenzulernen.

Ich konnte es gar nicht abwarten, zur Gymnastik zu gehen. Als der Termin endlich herangerückt war, trafen wir viele Paare, denen es in den meisten Dingen genauso ging wie uns. Auch sie hatten viele Fragen und waren unsicher, ob sie alles richtig machten. Eine kleine Dicke erzählte, daß sie Ende des achten Monats sei und erst drei Kilo zugenommen hätte. Eine andere, Schlanke, war wie ich Ende des sechsten Monats und hatte auch schon zwölf Kilo zugenommen. Manche spürten ihre Babys regelmäßig, andere nicht. Es war ein tolles Gefühl, zu vergleichen oder einfach festzustellen, daß alles normal ist. Es war ein ganz bewußtes Erleben und Genießen. Wann konnte man schon mit so vielen Schwangeren gleichzeitig über seine Erfahrungen oder Wehwehchen reden?

Die ersten fünf Stunden des Kurses fanden bei einer Krankengymnastin und die restlichen fünf Stunden bei einer Hebamme statt. Wir erfuhren wenig Neues über Körperpflege und Brustwarzenabhärtung, machten Beckenbodenübungen, durften auf Pezibällen sitzen und hechelten im Takt. Am Schluß der Stunde legten wir uns immer auf die Gymnastikmatten, schlossen die Augen und lauschten beruhigender Musik. Wir sollten uns auf unseren Atem konzentrieren, die Hände auf den Bauch legen und mit unserem Baby Kontakt aufnehmen. Ich sagte leise:

„Hallo, Babylino! Entspannst du dich auch gerade? Oder was machst du gerade in deiner Fruchtblase? Nuckelst du schon wieder am Daumen? Geht's dir gut?". Da bekam ich auch schon die Antwort. Mein Baby boxte gegen die Hand. Es war wirklich fantastisch. Sobald ich mich auf unser Kind konzentrierte, strampelte es. Es „sprach" mit mir!

Auf Empfehlung der Krankengymastin meldete ich uns für einen Säuglingspflegekurs an. Also beim nächsten Kind werde ich auch noch Yoga für Schwangere ausprobieren!

An manchen Tagen waren wir ganz ungeduldig und sehnten die „fahrplanmäßige Ankunft" unseres Kindes herbei. Daniel hatte die Frauenärztin schon scherzend gefragt:

„Wollen Sie sie nicht in eine Mikrowelle legen? Dann geht es vielleicht schneller!"

An anderen Tagen wollte ich am liebsten die Zeit anhalten, weil ich das Schwangersein so sehr genoß.

Wenn ich starken Stimmungsschwankungen unterlegen war, erklärte ich kurz: „Bei mir tobt das Hormon!"

Daniel und ich hatten unseren Spaß dabei, uns Situationen vorzustellen, in denen wir alles auf das „tobende Hormon" schieben konnten. Zum Beispiel wenn ich der berüchtigte Elefant im Porzellanladen wäre oder dem Eierverkäufer die Eier an den Kopf schmeißen würde . . .

Daniel begleitete mich zur Untersuchung ins Krankenhaus „Waldfrieden". Wir wollten uns dort vorstellen. Ich hatte einen großen Zettel mit Fragen vorbereitet. Der Arzt fragte uns leicht unwirsch:

„Waren Sie nicht bei dem Informationsabend?"

„Doch, warum?"

„Weil Sie noch so viele Fragen haben."

„Es war unser erster Abend. Dabei wurden so viele neue Dinge erklärt, daß wir uns nicht alles merken konnten. Wie ist das jetzt mit der Vitamin-K-Spritze – wird die noch gegeben?"

„Nein, das Vitamin K wird in Tropfenform verabreicht."

„Und wie ist das mit den Silbernitrattropfen?"

„Die Silbernitrattropfen werden nur auf Wunsch der Mutter gegeben!"

„Ich spüre unser Kind nur unregelmäßig. Es ist eher ein ruhiges Kind! Ist das normal?"

„Das ist kein Grund zur Beunruhigung. Es gibt ruhige Kinder und temperamentvolle. Wir machen gleich eine Ultraschalluntersuchung. Haben Sie sonst noch Fragen?"

„Ja, falls es ein Kaiserschnitt wird, wann kann das Baby dann zum ersten Mal Muttermilch bekommen? Die Rückstände der Narkosemittel werden doch sicherlich auch in der Muttermilch sein?"

„An Kaiserschnitt sollten Sie jetzt noch nicht denken. Falls es dazu kommen sollte, muß zwölf Stunden mit dem Anlegen gewartet werden. Wenn Sie keine Fragen mehr haben, warten Sie bitte draußen. Die Ärztin ruft Sie zur Ultraschalluntersuchung auf."

Daniel und ich mußten nur wenige Minuten warten. Die Ärztin bat mich, den Bauch frei zu machen und mich auf die Untersuchungsliege zu legen. Daniel setzte sich neben mich. Die Ärztin betrachtete den Bauch und sagte:

„Das ist aber ein schöner Bauch!"

Daniel fragte:

„Wie sehen denn häßliche Bäuche aus?"

Sie antwortete lächelnd:

„Ich meine von der Größe des Entwicklungszustandes her gesehen ist er genau richtig."

Das Gerät wurde angeschaltet.

„Das Kind ist noch ein bißchen klein. Ich denke, es wird zwei Wochen später kommen."

Beunruhigt fragte ich:

„Wieso zu klein? Ist es in seiner Entwicklung gestört?"

„Nein, es ist alles in Ordnung!"

„Aber wieso ist es zu klein? Wir beide sind doch groß. Wir rauchen nicht und trinken keinen Alkohol."

„Vermutlich ist Ihr Eisprung zwei Wochen später als angenommen gewesen."

„Ist mit dem Kind wirklich alles in Ordnung?"

„Ja, es ist alles wunderbar. Es ist nur noch ein bißchen zierlich. Kein Grund zur Beunruhigung."

„Können Sie sehen, was es ist?"

„Moment, ich guck mal. (Sie schaute sehr lange!) Nein, leider nicht. Es dreht sich immer weg, und jetzt sitzt es in der typischen Fernsehstellung, da kann ich es nicht sehen."

„In welcher Stellung?"

„Ich nenne es immer Fernsehstellung. Weil das Kind mit überkreuzten Beinen dasitzt, als würde es Fernsehen schauen."

„Also das kann es sich gleich wieder abgewöhnen. Schließlich hören wir seit Wochen klassische Musik!

Und wir brauchen uns keine Sorgen zu machen, daß es etwas kleiner ist?"

„Nein, wirklich nicht. Ich habe es mir genau angesehen. Es ist alles in Ordnung. Wir machen in zwei Monaten nochmal eine Kontrolle. Bis dahin wünsche ich Ihnen alles Gute."

Ich zog mich an. Wir verließen beruhigt das Krankenhaus.

In dieser Nacht hatte ich einen Traum. Ich träumte, daß ich zur Geburt in das Krankenhaus komme und in einen großen, unfreundlichen Saal gebracht werde. Die Betten sind ganz hart. Es stehen mindestens 20 Betten nebeneinander. Sie sind mit einem Vorhang voneinander abgetrennt. Als Daniel und ich fragen, warum wir nicht in den schönen Kreißsaal kommen, den man uns bei dem Informationsabend gezeigt hätte, erklären die Ärzte barsch, der wäre nur zum Anschauen gedacht. Ich klettere aus dem Bett und bitte Daniel unter starken Wehen, mich aus diesem Krankenhaus zu bringen.

Am nächsten Morgen erzählte ich Daniel von meinem Traum. Er sagte:

„Auch ich hatte gestern so ein komisches Gefühl. Als würden die Ärzte den werdenden Eltern beim Informationsabend etwas vormachen, und die Wirklichkeit sieht ganz anders aus."

Von diesem unguten Gefühl konnten wir uns nicht frei machen. Wir entschieden, uns doch noch im Gertrauden-Krankenhaus anzumelden.

Vielleicht sollten wir uns auch noch das Urban-Krankenhaus ansehen? Die Entbindungsstation hatte momentan einen sehr guten Ruf. Ehrlich gesagt waren wir mit der Auswahl etwas überfordert. Es war schwierig, sich nach einem kurzen Einführungsabend für das richtige Krankenhaus zu entscheiden. Am liebsten hätte ich überall ein Testliegen gemacht!

Also beim nächsten Kind habe ich den Vorteil, schon ein Krankenhaus zu kennen.

Siebter Monat

Mein Bauch war nun schon kugelrund. Ich paßte schon lange nicht mehr in die Anziehsachen von Daniel, aber da es endlich warm geworden war, konnte ich viele Dinge gut kombinieren. Ein paar T-Shirt-Kleider aus dehnbarer Baumwolle, die Umstandssachen aus Mallorca, in der Freizeit Leggings mit weiten Pullovern drüber, eine Latzhose, ein paar Schwangerschaftsbermudas mit Gummizug, in die der Bauch noch richtig reinwachsen konnte und die Sachen von Victoria. Not macht erfinderisch!

Meine Arbeitskollegin sagte:

„Wie machst du das bloß, du findest ja immer wieder etwas zum Anziehen?"

„Ich improvisiere halt. Das leihe ich dir dann alles, wenn du soweit bist."

Beim Bauchtanz trug ich nach wie vor meine Leggings – der Gummizug war ungemein dehnbar –, ein T-Shirt darüber und das Tuch über den Bauch geknotet. Meine Bauchtanzlehrerin lachte immer über den Knoten:

„Das sieht ja wirklich süß aus, wie eine kleine Schleife. Als wenn du deinen Bauch in Geschenkpapier eingewickelt hättest. Darf ich mal anfassen?"

„Wir freuen uns über jeden, der unseren Bauch bewundert!"

Ich war überglücklich, daß endlich sommerliche Temperaturen herrschten. Ich genoß jeden Sonnenstrahl. Meine Nachbarin sprach mich eines Tages an:

„Ich stelle es mir sehr belastend vor, im Sommer hochschwanger zu sein."

„Eigentlich nicht, ich bin glücklich über die Sonne. Für mich ist der Winter nichts. Jetzt zwitschern die Vögel, die Blumen wachsen, es ist alles grün. Ich liebe den Sommer.

Das nächste Kind wird auf jeden Fall wieder ein Sommerkind!

Ich versuchte, mich positiv auf die Geburt einzustimmen. Um meine Ängste abzubauen, stellte ich mir vor, eine ganz schöne Geburt zu erleben. Der Schmerz hatte ja auch seine guten Seiten, schließlich brachten die Wehen die Geburt voran. Fest nahm ich mir vor, während dieser ganzen Zeit mit meinem Baby zu sprechen. Es sollte so den Streß besser überstehen.

An einem Sonntag morgen hatten Daniel und ich überhaupt keine Lust aufzustehen. Wir kuschelten unter der Decke und Daniel lachte.

„Worüber lachst du denn?"

„Ich habe mir gerade vorgestellt, wie es ist, wenn unser Baby endlich zwischen uns im Bett liegt."

„Und schreit es? Hat es die Pampers voll?"

„Nein, es zappelt mit den Beinen. Ich küsse ihm gerade die kleinen Füßchen! Jetzt bekommt es doch Hunger!" Daniel sucht meine Brust mit schmatzenden Geräuschen.

„Essenszeit ist schon vorbei! „Ich wehrte ihn ab.

Wir machten in der Mitte Platz, als ob unser Baby schon daliegen würde.

„Ich bin froh, daß wir unser altes Futon verkauft haben und jetzt nur noch den Lattenrost mit der dicken Federkernmatraze haben!"

„Ich auch, da kann unser Baby gut darauf rumkrabbeln und toben, und wir brauchen uns keine Sorgen machen, daß es aus dem Bett fällt!"

„Ich freue mich darauf, wenn unser Kind erst einmal drei Jahre alt ist!"

„Wieso gerade drei?"

„Weil wir dann schon gemeinsam in Zeichentrickfilme gehen können."

„Soll ich dir mal was verraten? Ich kann es auch nicht mehr abwarten, ins Kasperle-Theater zu gehen, Schneemänner zu bauen und endlich wieder Märchenbücher zu lesen."

„Wollen wir nicht endlich aufstehen und unsere Wohnung ausmisten?"

„Los raus aus dem Bett."

Den Tag verbrachten wir mit der Entrümpelung unserer Wohnung. Unser Kind sollte doch genug Platz haben! Wir staunten, wieviel unnötiges Zeug sich im Laufe der Jahre angesammelt hatte und räumten ganze Schränke und Kommoden leer, um später dort Babysachen einzusortieren.

Da wir immer noch nicht wußten, ob es ein Junge oder ein Mädchen werden würde, hatten wir zwei Namen zur Auswahl: *Louis* für einen Jungen, und falls es doch ein Mädchen würde *Lina*. Aber eigentlich rechneten wir mit einem Jungen.

Es war wieder einmal Sonntag. Die Sonne schien, und es war heiß. Wir fuhren zur Segelschule an den Wannsee und legten uns an den Strand. Daniel las den „Tagesspiegel", und ich träumte vor mich hin. Ich hatte die Hand auf meinem Bauch, und unser Baby strampelte heftig dagegen. Ich fragte Daniel:

„Hättest du vor sechs Jahren gedacht, als wir uns beim Segeln kennenlernten, daß wir mal heiraten wollen und auf unser Baby warten?"

„Ja!"

„Was heißt hier ‚ja'?"

„Ja, ich konnte es mir damals vorstellen, dich einmal zu heiraten und mit dir Kinder zu bekommen!"

„Wirklich?" Daniel nickte.

„Willst du mal dein Baby spüren?"

„Du weißt doch, daß es sich immer zurückzieht, wenn ich meine Hand darauf lege."

„Aber bestimmt nicht jetzt. Es ist gerade wach und strampelt ganz doll!"

Daniel legte seine Hand auf meinen Bauch.

Ein paar Sekunden später boxte unser Baby wieder gegen den Bauch. Daniel war ganz aufgeregt:

„Da, jetzt hab ich's auch gespürt. Das war mein Baby?"

„Wer denn sonst?"

Er legte seinen Kopf auf den Bauch. „Hallo, Baby, hier ist dein Papi. Geht's dir gut in deinem Schlaraffenland?" Das Baby boxte weiter.

Am Abend erzählte Daniel es ganz stolz seinen Eltern und am nächsten Tag seinen Arbeitskollegen und Freunden. Von da an spielte Daniel häufiger mit seinem Baby. Er legte die Hand auf den Bauch, sprach mit ihm und drückte sanft gegen den Bauch. Meistens anwortete unser Baby. Dann war Daniel immer aus dem Häuschen und legte die Hand an eine andere Stelle. Einige Sekunden später boxte das Baby auch dort.

Manchmal hatte ich das Gefühl, daß es seinen Kopf gegen meine Hand lehnte. Ich nannte es „kleinen Walfisch", weil es immer etwas Zeit brauchte, um aufzutauchen und meine Hand zu finden.

Nach der Entrümpelungs-Aktion gestalteten wir unsere Wohnung kindgerecht. Unsere Küche bekam einen türkisfarbenen Anstrich. Neue Hängeschranke und Regale wurden von Daniel in liebevoller Kleinarbeit zusammengebaut. Über sämtliche Schränke kam eine türkisfarbene Arbeitsplatte und an die Wand ein halbrunder Tisch, an den wir unsere Barhocker stellten. Das war unsere Frühstücks-Ecke. Hier sollte der Kinderstuhl später einmal stehen.

Achter Monat

Victoria rief eines Abends an:

„Na, bist du immer noch abergläubisch? Ich habe eine Menge Babysachen für dich und wollte wissen, wie lange ich die noch horten muß?"

„Nein, jetzt sind wir im achten Monat. Wenn unser Baby jetzt zur Welt kommt, kann es überleben. Ich wollte nur nicht schon früher damit anfangen, weil das Unglück bringen kann.

Stell dir mal vor, es wäre was mit dem Baby passiert, und wir hätten schon alles in der Wohnung fertig gehabt. Das wäre doch schrecklich!"

„Jetzt habt Ihr's ja fast überstanden. Meine Schwester arbeitet doch im Kinderladen, und da hat sie eine ganze Menge für euch gesammelt."

„Das ist ja lieb. Aber sie kennt uns doch eigentlich gar nicht richtig."

„Ja, aber so ist sie. Habt Ihr am Samstag Zeit? Dann könnt ihr ja nachmittags vorbeikommen. Die Adresse ist Mittelstraße 8!"

Victorias Schwester hatte einen ganzen Umzugskarton voll mit Babysachen für uns. Anfänglich konnten wir uns nur schwer vorstellen, daß wir wirklich alle Anziehsachen brauchen würden. Aber Victoria meinte: „Laßt es euch von einer erfahrenen Mutter gesagt sein: Wenn euer Kind zum dritten Mal alles wieder ausgebrochen hat, werdet ihr froh sein, überhaupt noch etwas zum Anziehen zu finden."

Auch beim nächsten Kind werden wir von Victorias Erfahrungen zehren!

Die letzten Arbeitstage waren sehr anstrengend für mich. Es war heiß, und ich hatte dicke, angeschwollene Beine. Ich hatte durchgesetzt, daß ich während meiner letzten Arbeitstage nur noch im Innendienst tätig sein mußte und mein Nachfolger sich um den Außendienst kümmerte. So mußte ich nicht mehr Auto fahren. Da meine Kolleginnen viele Überstunden hatten, schickte ich sie nach Hause. Ich übernahm ihr Aufgabengebiet und arbeitete in der Reservierung. Das bedeutete, daß ich den ganzen Tag am Computer saß und telefonische Buchungen eingab. Durch das Sitzen war die Durchblutung in den Beinen noch schlechter. Sie schwollen immer stärker an. Ich konnte nur noch schmerzend laufen und hatte das Gefühl, daß mir die Beine jeden Moment platzen könnten. Wenn das Telefon einmal nicht klingelte, streckte ich mich auf dem Boden aus und legte die Beine hoch.

Das funktionierte aber immer nur einen kurzen Augenblick, denn momentan war viel los. Das kurze Hochlegen half nichts, meine Beine waren elefantenmäßig dick.

Abends versuchte ich, mit Wechselbädern und Liegen die Schwellungen wegzubekommen. Ich schlief nachts mit einem Kissen unter den Beinen. Ich aß viel Reis, da dieser angeblich entwässern soll, aber es half alles nichts.

Seit zwei Wochen schmerzte meine Rippe immer mehr, so daß ich nachts nicht mehr auf meiner Lieblingsseite schlafen konnte. Da ich es nicht gewohnt war, auf der anderen Seite zu schlafen, bekam ich Einschlafprobleme.

Dann erkältete ich mich und bekam Fieber. Medikamente wollte ich nicht nehmen. Meine eine Arbeitskollegin war schon krank geschrieben, die andere verreist, und mein Nachfolger wollte zu einer Sitzung in die Zentrale fliegen. Also ging ich tapfer mit Fieber, schmerzender Rippe und dicken Beinen arbeiten.

Ich war froh, als endlich mein letzter Arbeitstag da war. Jetzt würde ich endlich Zeit haben, die letzten Wochen der Schwangerschaft zu genießen und in Ruhe alles für das Kind vorzubereiten. Ich verabschiedete mich ganz offiziell bei allen Kollegen und Kolleginnen. Meinem Vorgesetzten hatte ich am Vortag noch ein Fax geschickt. Um ihm bis zum Schluß zu beweisen, daß ich meine Arbeit ernst genommen hatte, hatte ich noch einige Gedanken über betriebliche Verbesserungsmöglichkeiten notiert. Wir telefonierten noch einmal miteinander, und er beteuerte mir, daß er mit meiner Leistung sehr zufrieden gewesen war. Die Unstimmigkeiten seien nur aufgrund meiner Schwangerschaft aufgetreten.

Beim nächsten Kind werde ich mir diesen Arbeitsstreß nicht mehr zumuten!

Victoria erklärte mir eines Tages:

„Ich bin ja schon ein bißchen neidisch auf den Augenblick, an dem euch euer Baby zum ersten Mal anschaut! Den Geburtsstreß und die wochenlange Schlaflosigkeit gönne ich dir aus vollem Herzen, aber dieses Zum-ersten-Mal-sich-in-die-Augen-sehen, das ist zu schön!"

Wir wurden langsam richtig euphorisch. In den ersten drei Monaten waren wir noch vorsichtig gewesen. Schließlich kann es passieren, daß man es wieder verliert. Zwischen dem vierten und sechsten Monat besteht die Möglichkeit einer Frühgeburt, und das Kind ist noch nicht überlebensfähig. Ab dem siebten Monat aber war es anders. Falls das Kind zu früh kommen sollte, könnte es überleben. Wir glaubten, daß wir das Schlimmste hinter uns hatten. Und alle Vorsorgeuntersuchungen waren in Ordnung gewesen!

Ich hatte jetzt auch endlich eine Hebamme für die Wochenbettnachbetreuung gefunden.

Auf der Liste mit freischaffenden Hebammen, die mir meine Ärztin gegeben hatte, waren auch die Adressen von Hebammen verzeichnet, die sich auf verwaiste Mütter, also Frauen, deren Kinder während oder nach der Geburt gestorben sind, spezialisiert haben. Ich überblätterte schnell diese Seite. Das wird und darf mir nicht passieren! Ich rief einige der anderen Hebammen an. Manche waren mir schon am Telefon unsympathisch, andere machten keine Wochenbettbetreuung mehr, und einige waren zur Entbindungszeit im Urlaub. Ich zweifelte schon daran, noch die „Richtige" zu finden. Also startete ich den letzten Versuch: Anrufbeantworter. Die Stimme hörte sich ganz nett an, ich sprach etwas drauf.

Eine halbe Stunde später klingelte das Telefon. Es war die Hebamme. Wir verabredeten uns in einem Bistro. Ich fragte sie, wie wir uns erkennen würden. Sie antwortete:

„Ich habe weiße Hosen an und einen blauen Pullover. Ich bin 45 und etwas rundlicher!" Ich erwiderte:

„Ich brauche mir keine Rose ins Knopfloch zu stecken, mich erkennen Sie an meinem dicken Bauch, den können Sie gar nicht übersehen!"

Sie lachte. Eine halbe Stunde später trafen wir uns im

Bistro. Sie stellte sich vor: „Ich bin Frau Windhoek und arbeite seit 20 Jahren als Hebamme. Ich stand lange Zeit im Klinikum Steglitz unter Vertrag. Neben meiner Freiberuflichkeit bin ich jetzt noch 20 Stunden in der Pulsklinik beschäftigt."

„Ach in der Pulsklinik, die haben wir uns auch bei einer Informationsveranstaltung angesehen. Ich fand es schrecklich dort!"

„Warum?"

„Der Arzt wirkte so überheblich!"

„Wer war das?"

„Ich habe mir den Namen nicht gemerkt. So ein großer mit ungepflegten Haaren!"

„Ach, Herr Dr....! Wir kämpfen schon lange darum, daß die Hebammen den Abend leiten dürfen. Aber er sträubt sich dagegen."

„Ich hätte es sicherlich auch angenehmer empfunden, wenn Hebammen den Abend gestaltet hätten!"

„Und für welches Krankenhaus haben Sie sich entschieden?"

„Also hundertprozentig sicher bin ich noch nicht. Ich mache im ‚Waldfrieden' die Schwangerschaftsgymnastik. Zuerst wollten wir da entbinden, aber jetzt werde ich doch noch mal ins Gertraudenkrankenhaus gehen."

„Wie lange wollen Sie im Krankenhaus bleiben?"

„Die ersten fünf Tage. Es ist ja alles noch neu, und wir wollen nichts falsch machen. Im Krankenhaus sind Menschen, die einem helfen können, wenn der Milcheinschuß kommt oder das Kind gelb wird. Zu Hause wäre ich alleine mit dem Baby! Aber nach den fünf Tagen im Krankenhaus bräuchte ich zu Hause auch noch eine Hebamme."

„Wie sind Sie gerade auf mich gekommen?"

„Ihre Adresse stand in dem Informationsheft über freischaffende Hebammen. Ihre Stimme gefiel mir am Telefon. Für mich sind Stimmen sehr wichtig. Und nach welchem Kriterium soll ich mich auch sonst entscheiden? Ihren Beruf gelernt haben alle Hebammen, davon gehe ich aus. Wichtig ist mir: Die Frau muß mir sympathisch sein, und ich will eine etwas ältere Hebamme mit viel Erfahrung!"

„Warum haben Sie sich fürs ‚Waldfrieden' entschieden?"

„Der Informationsabend war gut. Der Arzt hat offen und ehrlich alle Vor-und Nachteile des Hauses geschildert. Das Krankenhaus wirkte familiär und irgendwo gemütlich. Warum fragen Sie, was halten Sie vom ‚Waldfrieden'?"

„Sie werden über jedes Krankenhaus gute und schlechte Geschichten hören. Wichtig ist, das Sie ein gutes Gefühl dabei haben. Aber sollten Sie vorzeitige Wehen bekommen, gehen Sie lieber in eine Uniklinik."

„Das haben wir uns auch schon überlegt. Finden Sie übrigens, daß mein Bauch zu dick ist? Ich habe schon 15 Kilo zugenommen, und in den Büchern steht immer 12,5 als Richtlinie. Aber ich habe auch immer so einen Hunger!"

„Also mit den Richtlinien ist das so eine Sache. Die meisten Frauen nehmen zwischen 15 bis 20 Kilo zu. Wenn Sie Hunger haben, sollten Sie auch essen. Wichtig ist auch, daß Sie genug trinken."

„Wenn ich jetzt viel esse, wird mein Baby dann automatisch zu dick?"

„Nein, ich habe Frauen gekannt, die waren sehr dick und haben ganz zierliche Kinder bekommen. Andere ganz zarte Frauen bekamen große dicke Kinder. Das können Sie nicht großartig beeinflussen. Essen Sie viel Obst und Gemüse, und sparen Sie am Zucker."

„Das mache ich schon! Wie verbleiben wir jetzt?"

„Ich melde mich sofort, wenn ich aus dem Urlaub zurück bin."

Ich vergaß sie zu fragen, was ich gegen meine Rippenschmerzen machen konnte. Sie waren jetzt schon ziemlich stark!

Wir bekamen Besuch von Laura. Sie nahm in Berlin an einem Seminar teil und übernachtete bei uns. Der erste Satz am Flughafen lautete:

„Du siehst ja hochschwanger aus!"

„Ich sehe nicht nur so aus: Ich bin es! Ich bin im achten Monat." Es verletzte mich.

Es verging kein Tag, an dem sie nicht auf meinen Bauch hinwies.

Meine Bemühungen, ihr zu erklären, daß sowohl die Ärzte als auch die Hebammen der Meinung waren, daß dieser Bauch genau richtig war, ja, daß das Baby eventuell sogar etwas später kommen konnte, liefen fehl. An einem Abend, wir kamen gerade von einem schönen italienischen Essen zurück, bat sie mich, ihr den Bauch zu zeigen:

Ich kam mir durch das Essen sowieso schon ziemlich unförmig vor, aber ich erfüllte ihr den Wunsch. Wir standen alle drei im Flur unserer Wohnung. Ich schob mein Kleid hoch und zeigte ihr den Bauch.

„Der ist ja *abartig dick*. Bei dem Anblick überlege ich mir das noch mal mit dem Kinderkriegen!"

Verletzt antwortete ich:

„Das solltest du dann vielleicht auch!"

Daniel legte zärtlich seine Hand auf den Bauch und entgegnete:

„Wir finden ihn schön! Von mir aus könnte er noch dicker sein!"

Ich war erschüttert über ihre Worte und zog mich ins Schlafzimmer zurück.

Daniel kam nach und sagte:

„Das war jetzt zu viel. Wäre sie nicht deine Freundin, hätte ich sie rausgeschmissen! Ich bin wirklich froh, wenn sie wieder abfährt!"

„Ich auch!"

Beim nächsten Kind werde ich ihr meinen Bauch bestimmt nicht mehr zeigen!

Eine Nacht später hatte ich einen *Alptraum*.

Ich träumte, daß ich auf dem Sofa im Wohnzimmer sitze, unsere Katze im Arm halte und diese wie ein Kind zur Musik schaukle und dann an meine Brust anlegen will. Mein Bewußtsein schaltete sich ein und fragte, wieso schaukelst du deine Katze? Du mußt doch dein Kind schaukeln! Dein Kind ist jetzt bald bei dir! Ich sehe an mir hinunter, unsere Katze verändert sich und ich fühle, daß es unser Kind ist, was ich in dem Arm halte, aber es sieht aus wie ein totes, gerupftes Huhn ohne Kopf. Ja, ich sehe es ganz deutlich, es ist tot, und es ist nicht vollständig.

Ich wachte weinend auf und war den ganzen Tag deprimiert. Ich versuchte, mich zu beruhigen. Es war nur ein Traum, aber er hatte mich unglücklich gemacht!

Erst am Abend beim Bauchtanz konnte ich den bösen Traum verdrängen. Die Frauen strichen über meinen Bauch, und ich wippte ihn stolz zur orientalischen Musik. Sie freuten sich immer wieder über meine Schwangerschaft und sagten, daß ich so ein glückliches Leuchten um mich herum hätte.

Zweiter Teil

Ich mußte ständig daran denken, wie Laura bei ihrem letzten Besuch gesagt hatte: „Dein Bauch ist ja abartig dick". Vielleicht ist mein Kind „abartig" krank? Dr. Cordes Andeutungen, daß mit dem Kind etwas nicht stimmen könnte, hatten mich tief verunsichert. So kam ich auf die gynäkologische Station, wo ich auf die entscheidende Untersuchung wartete. Als ich auf dem Bett saß, liefen mir die Tränen nur so herunter.

Die Krankenschwester brachte mir ein Nachthemd und Einwegunterhosen sowie Vorlagen, weil bei dieser Untersuchung Fruchtwasser abgehen konnte. Sie war sehr mitfühlend und nahm mich in die Arme. Daniel mußte mich bei der Aufnahme stationär anmelden.

Das Nachthemd, die Einweghosen, die Vorlagen – all das deutete mir an, daß ich ab jetzt eine Patientin unter vielen war. Indem ich meine Sachen auszog, gab ich meine Identität und zugleich auch mein Schamgefühl ab. Ich wurde an ein CTG (Cardiotokograph, Instrument zur Messung von Wehen und Herztönen des Kindes) angeschlossen. Das allererste Mal. Wie lange hatte ich mich auf diesen Moment gefreut. Ich verband damit die Vorstellung, daß die Geburt beginnt. Dann würden wir das Kind bald in den Armen halten, und das lange Warten wäre endlich vorbei. Doch jetzt fühlte ich mich dem Gerät ausgeliefert, denn ich konnte die rhythmischen Ausschläge auf dem Monitor nicht deuten.

Eine PJ-lerin (Medizinstudentin im praktischen Jahr) kam ins Zimmer, um mir Blut abzunehmen. Freundlich erkärte ich ihr:

„Wollen Sie nicht lieber den rechten Arm nehmen? Am linken sind meine Venen schlecht, da haben sich schon viele Ärzte dran versucht."

„Ach, ich probiere es mal. Ich kann Ihre Venen bestens sehen."

Die Nadel stach stumpf in den Arm. Nach dem dritten Versuch entschuldigte die Studentin sich und nahm doch den anderen Arm. Ich hätte sie erwürgen können!

Umständlich erklärte sie:

„Also ich habe hier acht Röhrchen, die werde ich alle mit Blut füllen. Das eine ist für die Blutgruppenbestim ..."

„Könnten Sie bitte mit den Ausführungen aufhören. Mir wird sonst schlecht. Ich bin schon öfters bei der Blutentnahme ohnmächtig geworden."

Oft habe ich mich schon gefragt, wie ich eine Geburt überstehen soll, wenn mir schon beim Blutabnehmen schlecht wird. Am besten ablenken. Denk an eine Insel in der Südsee! Mal sie dir aus!

„Wissen Sie, ob die Blutentnahme durch den Bauchnabel schmerzt?"

„Ich glaube ja", stotterte die PJlerin.

Sie war ganz froh, als sie ihre Röhrchen voll hatte und verließ pfeiffend das Zimmer.

Ich fürchtete mich vor dem, was mir bevorstand, weil ich einen so empfindlichen Bauchnabel hatte. Die Vorstellung, daß man mir in diese sensible Zone auch noch eine Nadel stechen würde, ängstigte mich.

Um zwei Uhr wurde ich zum Ultraschallraum gefahren. Auf dem Weg dorthin trafen wir Karin, eine Freundin von uns, die in der 26. Schwangerschaftswoche Fruchtwasser verloren hatte und nun schon seit drei Wochen im Krankenhaus lag. Sie sagte, daß sie sich schon gedacht hatte, daß irgend etwas nicht in Ordnung war, weil wir sie gar nicht besucht hatten. Ich weinte.

Wir mußten noch ein paar Minuten vor dem Ultraschallraum warten. Ich ging noch einmal auf Toilette. Die Vorlage fiel mir ins Toilettenbecken. Ich fischte sie wieder heraus und schmiß sie in den Abfalleimer. Wie gerne hätte ich meine Sorgen und Ängste auch so einfach weggeworfen. Aber das ging nicht. Ich sah in den Spiegel und erkannte mich durch die Tränen nicht.

Im Untersuchungsraum legte ich mich auf die Liege. Mein Hemd wurde hochgeschoben, mein Schambereich mit einem Tuch abgedeckt und mein Bauch mit Desinfektionsmittel eingerieben. Daniel saß an meiner Seite und hielt meine Hand. Dr. Cordes kontrollierte die Lage des Kindes. Ich sagte ihm, daß ich Angst habe. Er beruhigte mich. Mein Bauch war zum Platzen gespannt.

Dann war alles soweit: Er stach mit einer Nadel durch die Bauchdecke. Zu meiner Überraschung oberhalb meines Bauchnabels und nicht wie erwartet in ihn hinein. Ich hielt verkrampft Daniels Hand. Auf dem Monitor verfolgten wir, wie der Arzt die Nabelschnur anstach. Ich versuchte, an meine Insel zu denken. An die Palmen, an das Rauschen des Meeres. Nur nicht an die Nadel in meiner Bauchdecke denken. Denk an die Insel. So überstand ich die Untersuchung. Es war bei weitem nicht so schrecklich gewesen wie in meinen Vorstellungen.

„Ich dachte, Sie stechen durch meinen Bauchnabel?"

„Wir stechen nie durch den Bauchnabel. Er ist nicht hygienisch, da sammelt sich immer etwas Dreck."

Ich möchte mal wissen, wer immer solche Schreckensvisionen verbreitet?

„Ich habe mich beeilt mit der Blutentnahme, damit Sie nicht unnötig leiden müssen!"

Er setzte sich an seinen Schreibtisch und sah sich die CTG-Kurve an.

„Sie haben Wehen. Ich werde Sie auf die Kreißsaalstation verlegen lassen. Das müssen wir beobachten."

Wir fühlten uns bei ihm gut aufgehoben. Daniel und er fuhren mich auf die Station. Ich hatte Wehen! Das waren also die rhythmischen Ausschläge auf dem CTG.

Dr. Cordes fragte:

„Haben Sie die Wehen gespürt?"

Ich erwiederte etwas beschämt:

„Ich dachte, ich hätte Blähungen!"

Er lächelte und sagte:

„Nein, eher Wehen als Blähungen!"

Nun war also der lang ersehnte Moment gekommen. Und ich verwechselte Wehen mit Blähungen!

Ich kam in ein Ruhezimmer. Die Hebammen nannten dieses Zimmer „Wartburg".

Der Stationsarzt kam, um mir eine Braunüle zu legen. Ich bat ihn, dies bitte nicht auf dem Handrücken zu tun, da ich dort ziemlich empfindlich war. Er setzte sie mir an den Unterarm. Beim Einstechen dachte ich wieder an meine Insel. Daniel saß an meiner Seite, und ich drückte seine Hand. Anschließend wurde ich an einen Tropf mit wehenhemmenden Mitteln angeschlossen. Daniel fuhr nach Hause, um ein paar Sachen zu holen. Wir waren schließlich überhaupt nicht darauf vorbereitet, daß ich im Krankenhaus bleiben mußte.

Eine Hebamme kam an mein Bett.

„Wie geht es Ihnen?"

„Den Umständen entsprechend. Ich verstehe das alles gar nicht. Wir haben alle Vorsorgeuntersuchungen gemacht. Eigentlich bin ich nur zur Kontrolle hergekommen, weil ich angeblich Zwillinge erwarte. Und jetzt heißt es, wir bekommen ein Kind mit genetischer Fehlbildung? Ein Kind, das vielleicht nicht lebensfähig ist?"

Ich glaubte, zu träumen. Ein Alptraum. Bitte weckt mich, weckt mich auf! Es kommt mich bestimmt gleich jemand wecken. Gleich wache ich auf, und es ist wieder alles gut. Warum weckt mich denn keiner?

Mein Herz raste, und in meinem Kopf rauschte es.

„Mir ist so übel, alles dreht sich!"

Die Hebamme gab mir eine Nierenschale, stellte die Dosierung des Tropfes runter und stellte mir eine Bettpfanne neben das Bett.

Ich fiel in Halbschlaf. Als ich wieder aufwachte, fühlte ich einen unheimlichen Druck auf der Blase und kletterte aus dem Bett.

Ich legte die Unterlage mit der Bettpfanne auf das Bett, setzte mich darauf und thronte auf der Pfanne wie eine Königin. Wieder ein bißchen Schamgefühl weniger!

Dann fiel ich wieder in Halbschlaf. Irgendwann stand Dr.

Cordes am Bettende. Er entschuldigte sich:

„Ich wollte Sie nicht wecken. Ich wollte nur sehen, wie es Ihnen geht."

Ich stammelte:

„Ist jetzt schon alles entschieden? Steht für Sie schon fest, daß das Kind krank ist?"

„Nein, wir warten auf das Ergebnis. Es hat keinen Sinn, unnötige Schlüsse zu ziehen."

„Aber es hat doch Zysten im Kopf?"

„Die können wieder von alleine weggehen!"

„Und der Herzfehler?"

„Den sehe ich mir am Freitag noch einmal genauer an."

„Und was ist mit dem vielen Fruchtwasser?"

„Das kann auch andere Ursachen haben. Manche Frauen haben während der Schwangerschaft eben zuviel Fruchtwasser, dann wird es abpunktiert!"

„Und was ist mit dem Magen?"

„Das sehen wir uns auch am Freitag noch einmal an!"

„Haben wir noch Hoffnung?"

„Ganz gewiß, solange nicht feststeht, daß es ein Genfehler ist, besteht Hoffnung."

„Wir haben also wirklich noch Hoffnung?"

„Ja!"

Er verabschiedete sich.

Ich war wieder ganz ruhig. Wir hatten noch Hoffnung. Ich klammerte mich daran.

Ich lag allein in dem Zweibettzimmer. Abends brachte mir die eine Schwester ein Telefon. Meine Oma hatte schon häufig probiert, uns zu erreichen.

Daniel kam von zu Hause wieder. Er hatte meine Sachen geholt.

„Daniel, der Arzt war gerade da. Er hat gesagt, wir haben noch Hoffnung!"

„Natürlich haben wir noch Hoffnung! Hast du daran gezweifelt?"

„Die Zysten können auch wieder weggehen!"

„Unser Kind hat bestimmt keinen Genfehler!"

„Es sah doch so süß aus auf dem Monitor! Hast du die kleinen Fingerchen gesehen?"

„Ja, und es sah aus, als wenn es am Daumen nuckelte. Es ist wirklich ein Junge!"

„Haben wir doch gleich gesagt!"

„Es ist bestimmt kein mongoloides Kind! Oder?"

„Ich glaube es nicht und wenn, das schaffen wir schon."

„Hauptsache, wir haben uns, oder?"

„Ja, es wird schon alles gut werden!"

„Ich möchte, daß wir eine neue Wiege kaufen. Falls er krank ist, dann soll er erst recht alles schön haben."

Wir machten uns gegenseitig Mut.

Daniel leerte die Pfanne aus. Als ehemaliger Krankengymnast war er mit solchen Dingen vertraut. Er lachte, als ich ihm erzählte, daß ich wie eine Königin auf der Pfanne gethront hatte, statt sie wie üblich im Liegen unter den Po zu schieben.

„Ich bringe die Pfanne kurz raus!"

„Nein, das ist mir peinlich. Laß doch lieber die Krankenschwester die Pfanne abholen!"

„Was ist dir denn daran peinlich?"

„Na, daß du meinen Urin rausträgst."

„Bist Du doof? Ich habe schon oft fremden Menschen den Po gewaschen, da werde ich doch deine Pfanne raustragen können?"

„Aber nachher ekelst du dich dann vor mir!"

„Wie kann mir etwas von dir ekelig sein? Wo ich dich so sehr liebe!"

Daniel brachte von da an immer die Pfanne raus. Später wurde mir klar: Er hatte das Bedürfnis, etwas für mich zu tun und nicht hilflos daneben zu sitzen.

Andreas, der Freund von Karin, kam uns besuchen. Wir erzählten ihm die ganze Geschichte. Er berichtete, daß Karin schon wieder Wehen hatte. Sie hatten Angst, daß das Kind eine Frühgeburt würde. Seltsam, wie sich unsere Geschichten ähnelten. Karin war fast zu der selben Zeit schwanger geworden wie ich. Nun lagen wir beide in demselben Krankenhaus.

Abends durfte ich aufstehen und mich mit Daniels Hilfe am Waschbecken waschen. Mit dem Tropf war das gar nicht so einfach. Aber das kalte Wasser tat gut, und ich war froh, mich noch selber waschen zu können.

Daniel verließ mich spät in der Nacht. Es war gegen zwei Uhr, als ich endlich einschlief. Mir schwirrten nur so die Gedanken durch den Kopf, und mein Rücken schmerzte.

Am nächsten Morgen (*Mittwoch*) war Visite. Die Tür ging auf, und eine Gruppe Männer stürmte in das Zimmer. Ich scherzte:

„Wollen sie etwa alle zu mir?"

Ich wollte noch fragen, ob vor meinem Zimmer ein Reisebus gehalten hatte, aber die ernsten Blicke ließen mich verstummen. Ein Arzt fing an zu sprechen:

„Uns sind die Hände gebunden, selbst bei einer Genschädigung des Kindes ist keine Abtreibung mehr möglich, weil Sie schon in der 30. Schwangerschaftswoche sind. Aus gesetzlichen Gründen darf die Schwangerschaft nicht mehr unterbrochen werden. Wir könnten aber einen Kaiserschnitt machen. Für sie selbst bedeutet das allerdings ein erhöhtes Risiko, und jeder Arzt würde verstehen, wenn Sie sich dagegen entscheiden. Bei einer normalen Geburt ist die Wahrscheinlichkeit geringer, daß das Baby überlebt. Es ist einfach noch zu klein, um dem Geburtsstreß gewachsen zu sein."

Ich fühlte mich völlig überfahren:

„Muß ich mich jetzt schon für oder gegen einen Kaiserschnitt entscheiden? Ich will jetzt noch gar nicht darüber nachdenken. Ich muß doch erst einmal wissen, was los ist!"

„Sie haben recht. Wir warten natürlich das Ergebnis ab. Sie sollten sich auch nicht sofort entscheiden. Es war nur ein Gedankenanstoß."

Ein anderes Arzt sagte:

„Wenn Sie mit jemandem reden wollen, wir sind jederzeit für Sie da. Auch die Hebammen stehen Ihnen gerne bei. Sie brauchen nur zu klingeln!"

Was sollte ich jetzt großartig reden? Ich hatte ja Daniel, und es bestand doch noch Hoffnung, oder etwa nicht?

„Wir werden Sie am Nachmittag noch einmal gynäkologisch untersuchen. Ob untenherum alles in Ordnung ist."

Am liebsten hätte ich ihn gefragt, ob bei ihm obenherum alles in Ordnung war. Naja, vielleicht hatte er nur nicht so ganz die passenden Worte gefunden. Wie oft bin ich schon ins Fettnäpfchen getreten!

Oder war ich für sie nur ein untenherum? Nur ein Körperteil? Meine intimste Stelle einfach so als „untenherum" zu bezeichnen, das ging mir doch gegen den Strich.

Ständig schaute mir jemand zwischen die Beine. Aber manche Ärzte, z. B. Dr. Cordes und Dr. Wöller, vermittelten einem dabei das Gefühl, ein Mensch zu sein. Andere behandelten einen wie eine Nummer, eben wie ein „untenherum".

Dr. Wöller und Dr. Cordes redeten mit mir, die anderen Ärzte hielten meist Monologe.

Ich vertrug den wehenhemmenden Tropf sehr schlecht und bekam starke Kopfschmerzen. Daniel blieb bis spät in der Nacht an meiner Seite. Meistens hielt er meine Hand, streichelte meinen Kopf oder massierte meinen Rücken. Auf dem CTG waren keine Wehen mehr zu sehen.

Eine junge, unterkühlte Hebamme untersuchte mich noch kurz im Bett. Sie öffnete meine Beine und fragte nicht einmal, ob Daniel lieber das Zimmer verlassen wollte. Sie stank nach Zigarettenrauch. Nach der Untersuchung hätte ich heulen können. Ich fühlte mich beschmutzt. Als sie das Zimmer verlassen hatte, sagte Daniel:

„Die war ja furchtbar. Außerdem stank sie nach Rauch!"

Am Abend kam wieder ein PJler ins Zimmer:

„Guten Abend, ich bin Herr ..... Ich muß Ihnen noch einmal Blut abnehmen."

„Warum das? Ich habe doch schon gestern so viel Blut abgenommen bekommen? Ist Dracula nicht satt geworden?"

„Es hat für einige Tests nicht gereicht!" (Hatte ich mir doch gedacht, daß das bei der PJ-lerin nichts wurde!)

„Können Sie dann bitte den rechten Arm nehmen, bei dem linken haben sich schon einige Ärzte umsonst bemüht!"

„Na, klar! So, ich bin schon fertig."

„Was? Das tat ja gar nicht weh bei Ihnen?"

„Soll es ja auch nicht. Aber manchmal trifft man nicht richtig. Einen schönen Abend wünsche ich noch!"

Er hatte Gel in den Haaren, so daß sie stark fettig aussahen und wirkte dadurch etwas ungepflegt. Mich störte das. Wer wird schon gerne von schmierigen Typen untersucht? Außerdem fühlt man sich als Patient häufig schon schmutzig genug, da wirkt ein gepflegter Anblick erhebender auf die Psyche.

Meine Oma rief mehrmals an, um zu wissen, ob es etwas Neues gab.

Was sollte es Neues geben? Wir warteten und hofften auf Freitag.

Dann wäre der Alptraum bestimmt zu Ende. Alles würde gut. So war es doch bisher immer in meinem Leben gewesen. Erst Komplikationen und dann doch noch ein gutes Ende. Jetzt war es bestimmt auch so. Wir hatten doch noch Hoffnung.

Körperlich fühlte ich mich immer schlechter, da ich den Tropf nicht vertrug. Mein Kopf schien zerspringen zu wollen.

Daniel rief Freunde und Verwandte an, um sie über den Stand der Dinge zu informieren. Wir wollten keinen Besuch haben. Besuch bedeutete für mich, Kraft zu vergeuden. Die wenigsten unserer Bekannten konnten uns Trost geben. Meist mußte man sie noch selber trösten. Aber ich brauchte meine ganze Kraft für Freitag. Ich wollte keine klugen Ratschläge. Ich mußte gewappnet sein für diesen alles entscheidenden Tag.

Was immer auf uns zukommen sollte, wir wollten es meistern.

Da ich keine Wehen mehr hatte, durfte ich abends aufstehen, auf Toilette gehen und mich mit Daniels Hilfe duschen.

Eine sehr liebe Hebamme stöpselte mich vom Tropf ab. Ich konnte duschen. Wie sehr ich das Wasser genoß! Die selbstverständlichsten Dinge wie z. B. duschen oder auf die Toilette zu gehen, können in einem Krankenhaus zum kostbaren Gut werden. Nach dem Duschen fühlte ich mich wieder wie ein Mensch. Ich cremte meine Haut ein und zog ein neues Nachthemd an. Daniel half mir dabei.

Auf einmal waren meine Kopfschmerzen verschwunden. Die Traurigkeit versuchten wir zu verdrängen. Wir hatten ja noch Hoffnung. Aber es fiel mir schwer, meine Hand auf meinen Bauch zu legen. Ich hatte Angst, unser Baby zu spüren. Angst, mich noch mehr an es zu binden. Der Schmerz würde dann umso größer sein, wenn wir das Kind verlieren sollten. Doch ich spürte es in meinen Bauch strampeln, sobald ich im Bett auf der Seite lag. Auch erinnerte mich meine schmerzende Rippe ständig an das Kind.

Ich bekam eine neue Zimmernachbarin. Sie war in der 24. Woche schwanger und hatte Blutungen gehabt. Die Ärzte wollten ihr eine Cerclage legen. Ich wusch ihr abends den Rücken. Ich wußte ja, wie kostbar waschen war. So verging der Mittwoch.

Die Nacht war grauenhaft. Ich hatte schreckliche Kopfschmerzen. Um halb drei hielt ich es nicht mehr aus und klingelte nach der Hebamme. Sie roch so sehr nach Knoblauch, daß ich mich beinahe übergeben mußte.

Ich bat sie, mir ein anderes wehenhemmendes Mittel zu geben. Sie bot mir nur eine Kopfschmerz-Tablette an, aber ich wollte keine Schmerzmittel, die vielleicht meinem Baby schaden könnten. Ich hatte während der gesamten Schwangerschaft keine Medikamente eingenommen, mit Ausnahme der Eisen- und Kalziumpräparate. Ich bat sie, den Arzt zu rufen. Als er kam, sagte ich:

„Sehen Sie mich mal an! Ich bin kreidebleich, und mein Kopf zerspringt mir. Ich vertrage das Mittel nicht. Gibt es kein anderes wehenhemmendes Mittel? Ich habe zwei Tage versucht, mit den Schmerzen umzugehen, aber jetzt kann ich nicht mehr!"

„Es gibt leider kein anderes Mittel! Aber Sie haben schon über einen längeren Zeitraum keine Wehen mehr. Wir machen den Tropf ab!"

„Ich danke Ihnen!"

„Schlafen Sie gut!"

Eine halbe Stunde später hörten die Schmerzen auf, und ich schlief tief und fest ein.

Am *Donnerstag* morgen wurde ich wieder ans CTG angeschlossen. Es war alles in Ordnung. Ich bekam von einer ganz netten Hebamme Magnesium-Tabletten zum Kauen, die vorzüglich schmeckten (endlich mal eine angenehme Medizin) und fühlte mich gut. Ich stand auf, duschte und fühlte mich danach, als könnte ich Bäume ausreißen.

Eine Stunde später, als ich wieder im Bett lag, bekam ich auf einmal starke Bauchkrämpfe. Ich klingelte nach der Hebamme und bat sie, mich an das CTG anzuschließen. Mein Bauch tat weh, und ich wußte nicht, ob ich Wehen oder Krämpfe hatte. Als sie mich anschloß, sah ich wieder die rhythmischen Wellen auf dem Wehenschreiber. Diesmal stärker als voriges Mal. Parallel zu den Wehen wurden die Herztöne des Kindes aufgezeichnet. Bei einer sehr starken Wehe sah ich auf einmal keine Herztöne mehr. Ich klingelte nach der Hebamme. Sie versuchte, die Herztöne des Kindes zu finden. Dann lief sie los, um einen Arzt zu holen. Ich kam sofort wieder an den Tropf, der hoch dosiert wurde. Außerdem bekam ich Medikamente gespritzt, die den Herzschlag des Kindes regulierten. Mir liefen die Tränen herunter. Die Hebamme sagte:

„Bitte nicht weinen, es wird alles wieder gut!"

Sie holte auf Rat des Arztes ein anderes CTG, bei dem man auch die Kindsbewegungen sehen konnte. Jetzt schien alles wieder in Ordnung zu sein. Als Daniel kam, erzählte ich ihm unter Tränen von dem Schrecken.

Dr. Wöller kam noch einmal ins Zimmer und fragte:

„Was war denn los?"

„Ich vertrug den Tropf nicht, und weil ich auch keine Wehen mehr hatte, bin ich gestern abend abgestöpselt worden. Heute morgen war alles in Ordnung. Aber dann begannen die Wehen wieder."

„Warum bekamen Sie Wehen?"

„Wenn einem soviel Schlechtes über sein Kind erzählt wird, beginnt der Körper sich zu wehren!"

„Nun mal ganz ruhig. Nicht aufregen! Es steht noch nichts fest. Es sind alles nur Vermutungen. Wir müssen bis morgen durchhalten."

„Aber auf dem CTG waren die Wehen schon so stark!"

„Also, das CTG ist für mich nur ein Instrument, das Wehen aufzeichnet. Die Stärke der Wehen kann nur die Frau selbst beurteilen. Für mich ist es wichtig, ob Sie die Wehen als sehr stark empfunden haben und nicht, ob die Kurven groß waren. Warum haben Sie den Tropf nicht vertragen?"

„Ich hatte zwei Tage lang furchtbare Kopfschmerzen. Kopfschmerzen sind für mich das Schlimmste!"

„Ich werde dafür sorgen, daß Sie ein anderes Mittel erhalten! Bis morgen halten wir durch! Übrigens habe ich vorhin mit Dr. Cordes telefoniert. Er hat heute frei und läßt Sie schön grüßen!

„Vielen Dank!" Er verließ das Zimmer.

Ich wurde an einen anderen Tropf angeschlossen, bei dem die Flüssigkeit im Sechs-Minuten-Takt in den Körper fließt und somit verträglicher ist.

Die Kopfschmerzen waren mir jetzt egal. Hauptsache, meinem Kind passierte nichts. Bitte nicht von mir gehen. Ich begann meinen Bauch zu streicheln. Baby, bitte sei tapfer! Ich will dich auf keinen Fall verlieren!

Dr. Wöller kam noch einmal ins Zimmer und überprüfte, ob der Muttermund sich geöffnet hatte. Er warnte mich vor:

„Nicht erschrecken, das Desinfektionsgel kann etwas kalt sein!"

Ich antwortete:

„Was heißt hier kalt? Ich würde eher sagen, etwas ekelig!"

Er schaute mir in die Augen und lächelte. Dieses Lächeln gab mir das Gefühl, ein Mensch zu sein. Daniel fragte:

„Ist der Muttermund schon geöffnet?"

„Nein, aber ich will auch nicht weiter herumbohren."

Ich lächelte ihn an:

„Ach nein, herumbohren können Sie lieber in Ihrer Nase als in meinem Bauch!"

Er lachte wieder. Er verstand meinen Humor. Er verstand, daß ich so einfach besser über diese unangenehme Situation hinwegkam.

Nach dem Mittagessen kam Victoria zu Besuch. Sie war die einzige, die ich sehen wollte. Sie brachte mir Zeitschriften mit, ein Spiel, Schokolade und Erfrischungstücher, weil sie nicht wußte, ob ich mich waschen konnte. Sie setzte sich auf das Bett, und ich erzählte ihr, was morgens passiert war. Ihr standen die Tränen in den Augen. Sie versuchte uns aufzumuntern, uns abzulenken. Wir merkten, daß auch ihr ein Kloß in der Kehle saß. Meine Kopfschmerzen hielten an. Victoria massierte meinen Kopf und Daniel meine Füße. Baby strampelte im Bauch. Ich:

„Unser Baby strampelte gerade!"

Victoria:

„Darf ich es mal fühlen?"

„Na, klar, du wirst doch seine Patentante!"

Ich legte Victorias Hand auf den Bauch. Es war das erste und das einzige Mal, daß außer Daniel und mir jemand unser Baby spürte. Und ich war glücklich, daß es Victoria war.

Meine Zimmernachbarin wurde noch einmal von Dr. Wöller untersucht. Daniel und Victoria verließen das Zimmer. Als Dr. Wöller fertig war, sagte ich ihm, daß er von uns beiden zum nettesten Arzt gewählt worden ist. Er ging lächelnd hinaus.

Victoria blieb noch eine Weile. Sie erzählte uns, was derzeit an der Uni so alles passierte. Als sie ging, versprachen wir ihr, sie morgen sofort anzurufen, wenn das Ergebnis da wäre.

Am späten Nachmittag stellte sich eine neue Hebamme vor. Sie war schon etwas älter und uns vom ersten Blick an sympathisch. Sie gab mir ein Zäpfchen gegen die Kopfschmerzen. Es half nichts. Abends brachte sie mir noch ein Aspirin. Ich zögerte. Ich wollte dem Baby nicht schaden. Aber sie beruhigte mich:

„Ich hätte es Ihnen nicht gegeben, wenn es schädlich wäre. Manchmal ist es besser, etwas zu nehmen."

Diese Nacht war ich wieder allein im Zimmer, weil meine Zimmerkollegin auf die gynäkologische Abteilung verlegt worden war.

Daniel war den ganzen Tag bei mir. Hielt meine Hand,

massierte meinen Rücken, machte mein Bett, trug meine Bettpfanne raus, half mir, mich zu waschen, saß neben mir auf dem unbequemen Stuhl und las mir die Zeitung vor. Das Zimmer wurde durch unsere Zweisamkeit wie eine kleine Insel, abgeschieden von dem Rest der Welt. Wir verlebten die Stunden zwischen Hoffen, Angst, uns gegenseitig Mutmachen, Abwarten und viel Zärtlichkeit füreinander.

Dr. Wöller kam abends noch einmal ins Zimmer. Er setzte sich auf das Fensterbrett, ließ seine Füße baumeln und seine Schuhe fallen. Er wirkte menschlich, nicht so halbgottartig wie manche anderen Ärzte. Dr. Wöller war einer der wenigen, der unsere „Insel" betrat, um mit uns zu reden, um uns ein wenig abzulenken. Auf einmal war ich nicht mehr nur die im Bett liegende passive Patientin und er der über mich bestimmende Arzt. Wir waren drei junge Menschen, die relativ unbefangen miteinander sprachen. Vielleicht war er sich dessen nicht bewußt. Vielleicht wollte er nur sehen, wie es mir geht, um während der Nachtschicht nicht geweckt zu werden. Aber durch seine Gelöstheit, seine Unbefangenheit berührte er etwas in mir. Daniel empfand es ähnlich und genoß diese wenigen Minuten, die uns rausrissen aus unserem traurigen Krankenhaustrott.

Daniel verließ mich spät in der Nacht.

Die Kopfschmerzen ließen endlich nach, und ich schlief bis früh um halb neun.

Am Morgen (*Freitag*) fragte ich die Hebamme, ob ich duschen könnte. Ich wollte so frisch wie nur möglich sein. Wollte einen klaren Kopf haben für diesen Tag. Ich frühstückte ausgiebig und schmierte auch Daniel liebevoll ein Brot. So, wie er es mochte. Erst Käse, dann Wurst mit Salat und Gurke garniert.

Heute sollte alles entschieden werden.

Ich bekam eine neue Bettnachbarin. Sie erzählte mir, daß sie drei Tage vor dem errechneten Geburtstermin ein bißchen Fruchtwasser verloren hätte und nun auf die Geburt wartete. Als ich ihr unsere Geschichte erzählte, schilderte sie mir, daß sie vor drei Jahren etwas Ähnliches erlebt hatte. Sie lebte damals noch in „Ost-Berlin", und man hatte sehr spät festgestellt, daß das Rückgrat des Kindes offen und es schwer mißgebildet war. Unter Vollnarkose hatte man dann das Kind geholt und es ihr auch nicht mehr gezeigt. Noch lange danach hatte sie sich geschworen, nie wieder Kinder zu bekommen.

Der Vormittag verging schleppend. Meine Bettnachbarin zog sich wieder an und lief unruhig auf dem Gang herum.

Als das Mittagessen gebracht wurde, sagte sie:

„Ich habe eine Hebamme auf dem Flur getroffen. Sie haben jetzt das Ergebnis. Du sollst bitte nach dem Essen klingeln, damit sie dich zum Ultraschallraum fahren können."

Ich klingelte sofort. Wie konnte ich in so einem Moment noch essen?

Der PJler (der mit dem Gel in den Haaren) und Daniel fuhren mich im Krankenbett zum Ultraschall. Wir mußten noch einige Minuten vor dem Raum warten. Dann wurden wir von Dr. Cordes hereingebeten. Ich wollte auf die Liege klettern, doch er bat uns an seinen Schreibtisch. Ich nahm zitternd Platz. Er schaute sich noch einmal die Wehenkurven an und blätterte in meiner Akte. Ich fragte ungeduldig:

„Haben Sie schon das Ergebnis?" Mein Herz raste. Ich wollte keine Minute länger warten. Ich wollte es jetzt wissen. Was ist mit meinem Kind?

„Ja, das Ergebnis ist da."

Er holte tief Luft:

„Ihr Kind hat eine Trisomie 18."

Tief in mir, lautlos für alle, war ein Schrei:

Nicht mein Kind! Bitte nicht! Bitte, bitte nicht! Es war wie eine Ohrfeige mitten ins Gesicht. Nein, eher wie ein Splitter mitten in mein Herz. Als wenn mir sämtliche Gedärme rausgerissen würden.

Daniel fragte:

„Das bedeutet?"

„Daß das 18. Gen dreimal statt zweimal vorhanden ist. Es ist eine von diesen seltenen Krankheiten, die ich Ihnen schon angedeutet hatte."

„Was hat das zur Folge?"

„Durch die multiplen Mißbildungen wird es nicht lange leben. Kennen Sie sich mit Genetik etwas aus, soll ich Ihnen das erklären?"

Daniel antwortete: „Das brauchen Sie nicht. Wir hatten es in der Schule."

Nun war es endgültig. Unser Kind war zum Tode verurteilt. Ich versuchte, mich zu beruhigen. Jetzt kein Selbstmitleid, denk an das Kind. Für Trauer hast du später noch Zeit. Jetzt mußt du deinem Kind helfen. Ich wollte auf keinen Fall, daß das Kind noch gequält wird. Ich erinnerte mich an den Anblick der kleinen Babys auf der Intensivstation, als wir Daniels Neffen besucht hatten. Für ein Baby, daß eine Lebenschance hat, mochten diese Schläuche und Elektroden gerechtfertig sein, aber für unser Kind? Ich versuchte, mich zu konzentrieren und fragte:

„Da gibt es keine winzige Chance? Nicht ein geringer Prozentsatz?"

Dr. Cordes schüttelte den Kopf.

„Und das hätte keiner vorher merken können?"

„Es ist charakteristisch, daß erst im letzten Drittel der Schwangerschaft die Symptome erkennbar sind. So wie in Ihrem Fall die vermehrte Fruchtwasserbildung. Manchmal bleibt es auch unentdeckt und wird erst nach der Geburt festgestellt."

Ich schloß die Augen und holte tief Luft: „Was passiert jetzt?"

„Wir dürfen Ihnen aus gesetzlichen Gründen nicht helfen, die Schwangerschaft zu unterbrechen, weil sie schon zu weit fortgeschritten ist! Wir können nur hoffen, daß die Geburt von selber in Gang kommt. Sie haben ja schon Wehen. Jedoch werden die durch das viele Fruchtwasser noch keine großartige Wirkung haben, weil die Gebärmutter zu überdehnt ist. Wir könnten Ihnen das Fruchtwasser punktieren, um auch ihre Rippenbeschwerden zu verringern."

„Unser Kind hat auf die Wehen schon reagiert, seine Atmung wurde schlechter. Heißt das, daß das Baby eine normale Geburt nicht überleben wird, weil es dem Geburtsstreß noch nicht gewachsen ist?"

„Das ist nicht gesagt! Sie müssen damit rechnen, daß es vielleicht erst einmal leben wird."

Daniel fragte:

„Und wie lange wird es leben?"

„Das weiß keiner genau. Vielleicht ein paar Minuten, einige Stunden. Vielleicht ein paar Tage!"

„Und wann wird die Geburt sein?"

„Auch das weiß keiner. Wir dürfen Sie nicht unterstützen. Es muß von Ihnen ausgehen!"

Ich fragte:

„Werden die Ärzte alle Mittel einsetzen, um dieses Leben zu erhalten, um es zu verlängern? Kann man das Kind nicht in Ruhe sterben lassen? Ich will nicht, daß ihm jemand Schmerzen zufügt!"

„Ich werde mit den Kinderärzten sprechen und mich erkundigen, was sie machen müssen. Sicherlich wird man bei diesem Kind nicht so um sein Leben kämpfen wie bei einem anderen Frühchen, denn dieses Kind hat keine Lebenserwartung, aber uns sind gesetzlich die Hände gebunden. Wir sind dazu verpflichtet, Leben zu bewahren. Ich würde Sie gerne noch einmal kurz untersuchen, legen Sie sich bitte auf die Untersuchungsliege!"

Daniel stützte mich, ich hatte das Gefühl, den Boden unter meinen Füßen zu verlieren.

Ich lag wie in Trance auf der Untersuchungsliege.

Dr. Cordes:

„Soll ich die Monitore auslassen?"

Wir nickten beide.

Er untersuchte noch einmal den Bauch mit dem Ultraschallgerät.

„Sie müssen damit rechnen, daß es den ersten Schrei von sich gibt und Sie es auch beerdigen müssen!"

„Der erste Schrei, Sie meinen den Schrei nach Leben?"

Traurig antwortet er: „Ja."

Meine Gedanken rasten. Dieser Schrei wäre so sinnlos, weil es kein Leben haben würde. Laß es tot sein. Erspar ihm die Qualen. Kein Leid soll ihm mehr zugefügt werden. Bitte laß es nicht schreien.

Dr. Cordes:

„Das einzige, was ich für Sie momentan tun kann, ist Ihnen das Fruchtwasser zu punktieren! Sollen wir es machen?"

Gefaßt sagte ich:

„Ich möchte, daß Sie mich von dem wehenhemmenden Tropf abnehmen und bis morgen mit der Fruchtwasserpunktion warten. Vielleicht hilft sich mein Körper selbst! Gibt es ein Schmerzmittel? Damit das Kind den Geburtsstreß nicht mitbekommt und keine Schmerzen hat?"

„Sie können jedes Mittel bekommen!"

„Nein, nicht ich, ich meine für das Baby, für mein Baby, damit es keine Angstgefühle hat während der Geburt!"

„Da muß ich die Kinderärzte fragen!"

Wir bedankten uns bei ihm.

Bedrückt antwortete er: „Ach, bedanken Sie sich nicht! Ich konnte Ihnen nicht helfen."

Helfen? Helfen konnte uns jetzt keiner mehr!

Ich stellte mich innerlich darauf ein, daß ich mein Kind bald gebären würde, und daß es tot zur Welt käme. Ich wollte nicht, daß es noch schreit. Das war alles, worauf ich mich konzentrieren konnte. Für Trauer war später noch Zeit, jetzt brauchte ich meine Kraft für mein Kind. Ich mußte ihm alles Leiden ersparen. Daniel und ich gingen wie unter Betäubung aus dem Untersuchungszimmer. Der PJler fragte mich, ob ich mich wieder ins Bett legen wollte, aber ich wollte laufen. Mir war es ganz egal, daß ich nur mein Krankenhaus-Hemd anhatte. Unter Tränen fuhren wir mit dem Fahrstuhl zur Kreißsaalstation. Nun war es also endgültig. Nun war keine Hoffnung mehr da.

Später kamen die Ärzte noch einmal zur Visite in mein Krankenzimmer.

Sie schienen wirklich Anteil zu nehmen und entschuldigten sich dafür, daß sie mir nicht helfen durften, die Schwangerschaft zu beenden.

Wir mußten davon ausgehen, daß das Kind erst einmal lebte. Ich fragte:

„Kann man mir nach der Geburt das Kind schnell wegnehmen? Ich möchte seinen ersten Schrei nicht hören, und ich will es auch nicht sehen!"

Ein Arzt sagte einfühlsam:

„Das sollten wir jetzt nicht entscheiden, sondern in dem Moment, wo es wirklich da ist. Manche Dinge kann man nicht im voraus bestimmen. Sie sollten es auf sich zukommen lassen."

Ich bin so froh, daß meine Bitte in diesem Moment nicht ernst genommen wurde. Auch, daß man mich nicht verurteilt hatte für diesen Gedanken. Wie einfach sah es damals aus, das Kind wegzuschieben. Aber wie schwer wäre es mir dann später gefallen, jemals damit umzugehen. Und wer hätte es gehalten, bis es gestorben wäre? Fremde Ärzte, Hebammen, die mein Kind nicht kannten? Wie hätten sie sich gefühlt? Auch für jene, die den Tod kennen, wäre es traurig gewesen, ein Kind sterben zu sehen. Und wie hätte mein Kind sich gefühlt?

Es war doch mein Kind! Es kannte meine Stimme, meinen Herzschlag – und ich wollte, daß andere ihm im Tod nahe sind, nur damit ich nicht sein Schreien höre? Im nachhinein konnte ich gar nicht mehr verstehen, was ich damals gedacht hatte. Aber es war so. Im ersten Moment war ich zu anderen Gedankengängen nicht fähig.

Die Ärzte schlugen vor:

„Wollen Sie sich nicht anziehen und für ein paar Stunden das Krankenhaus verlassen? Vielleicht fahren Sie nach Hause, um in Ruhe damit fertig zu werden. Morgen sehen wir dann weiter. Wir nehmen Ihnen die Braunüle wieder raus!"

„Nein, ich möchte die Braunüle behalten. Ich bin mir sicher, daß das Kind in den nächsten zwei Tagen kommt. Mein Körper wird sich wehren!"

Sie nahmen mich nicht ernst:

„Es kann noch länger dauern!"

„Aber mein Bauch ist schon wieder hart."

Der Leiter der Klinik kam an mein Bett und legte die Hand auf den Bauch:

„Sie hat recht. Naja, morgen früh sehen wir weiter! Der Kinderarzt kommt gleich noch einmal vorbei!"

Sie verabschiedeten sich und verließen bedrückt das Zimmer.

Ich sagte zu Daniel:

„Ich bin mir sicher, daß unser Kind bald geboren und daß es tot sein wird. Ich will nicht, daß es leidet. Mein Bauch ist schon wieder ganz hart! Mein Körper hilft uns."

Unser Lieblingsarzt, Dr. Wöller, kam ins Zimmer. Er sagte nicht viel, legte die Hand auf Daniels und meine Schultern und hielt uns einen Moment in seinen Armen.

Er sagte, daß er morgen wieder Dienst hätte. Ich wünschte mir, daß mein Kind bei ihm geboren würde. Ich vertraute ihm; wenn er da war, würde es schon gut werden. Ich saß auf dem Bett, vollkommen erschlagen, als ich spürte, daß meine Brust tropfte. Ich fing an zu weinen. Es zerriß mir fast das Herz.

Die erste Milch! Die erste Milch, die aus mir raustropfte!

Wie unendlich schön hatte ich mir diesen Moment oft erträumt! Wie lange hatte ich schon die Stilleinlagen zu Hause im Badezimmer liegen. Es war, als wenn meine Brust auch noch anfing zu weinen. Ich wimmerte:

„Nein, bitte nicht noch Milch! Daniel, bitte hole den Arzt!"

Unser Lieblingsarzt kam und brachte mir Stilleinlagen. Ich zog meinen BH an und legte die Stilleinlagen ein. Mein Bauch tat wieder weh. Er war so hart, fast zum Zerplatzen.

Wir waren allein, alleine auf unserer Insel. Wir saßen auf den Bett und umarmten uns fest.

Irgendwie faßten wir uns wieder. Ich hatte mich nie getraut, es vorher auszusprechen, aber vielleicht waren wir auch ein bißchen erleichtert, daß das Kind nicht mongoloid war. Der Gedanke, daß ich von nun an für ein schwerbehindertes Kind da sein sollte, ängstigte mich. Dabei hatte ich keine Angst vor meinen Gefühlen zu diesem Kind, aber ich hatte Angst vor der Reaktion von Freunden, Bekannten, Fremden. Hätte ich wirklich die Kraft, diesem Kind den Platz in der Gesellschaft zu erkämpfen, der ihm zusteht? Ohne Hoffnung, daß es jemals selbstständig sein wird und seinen eigenen Weg geht? Denn: Wie schwer wäre die Behinderung mit den Zysten im Kopf? Schwerst körperlich, geistig? Vielleicht ein Pflegefall für Krankenhäuser? Abgeschoben, bei fremden Menschen? Das hätte ich nicht ertragen.

Und was wäre mit unserer Beziehung? Würde sie es wirklich überstehen? Ich wollte Daniel doch glücklich machen und ihm ein gesundes Kind schenken. Würden wir nicht jedem gesunden anderen Kind hinterhertrauern?

Daniel konnte mit dem Gedanken an eine Behinderung viel besser umgehen. Er erzählte mir von den vielen Schulen und Einrichtungen, die für Behinderte vorhanden waren. Wir hätten uns mit einem behinderten Kind in eine ganz andere Richtung entwickeln müssen, meinte Daniel, unser Leben vollkommen umstellen.

Ich hatte früher einmal zu einer Freundin gesagt:

Wenn ich ein behindertes Kind bekomme, so hat das Schicksal es so gewollt. Es hat einen Sinn. Vielleicht sollte der Lebensweg geändert werden. Aber auf einmal hatte ich schreckliche Angst, dieser Aufgabe nicht gewachsen zu sein.

Mit der Tatsache, daß unser Kind eine Trisomie 18 hatte und durch die multiplen Mißbildungen nicht lebensfähig war, konnte ich zunächst rationaler umgehen. Ich mußte sehen, wie dem Kind möglichst viel Leiden erspart blieb. Mehr konnte ich nicht tun.

Der Kinderarzt kam am Nachmittag, um mit uns zu sprechen.

„Auf den Ablauf der Geburt gehe ich jetzt nicht ein. Sie müssen damit rechnen, daß das Kind erst einmal leben wird."

„Müssen Sie dann alles machen, um dieses Leben zu verlängern?"

„Wir werden nichts Unnötiges unternehmen, weil ihr Kind keine Überlebenschance hat. Es wird nicht operiert oder sonstiges."

„Was muß getan werden?"

„Wir sind gesetzlich verpflichtet, die Grundbedürfnisse zur Erhaltung von Leben zu decken, das bedeutet ein Wärmebettchen, Sauerstoff und Nahrung. Falls das Kind nicht selber essen kann, muß es künstlich ernährt werden."

„An Schläuchen angeschlossen?"

Er nickte. Die Vorstellung, daß mein Baby noch an Schläuche angeschlossen würde, ohne daß damit die Hoffnung verbunden wäre, sein Leben zu retten, krampfte mir alles zusammen.

„Ich bin nicht auf dem neuesten Stand der Diskussion. Aber es war doch im Gespräch, daß, falls nicht eine schriftliche Ablehnung vorliegt, ein Mensch zu Transplantationszwecken freigegeben werden kann. Ich möchte nicht, daß unser Kind dazu benützt wird."

„Die Diskusssion ist noch nicht abgeschlossen. In anderen Ländern mag das zutreffen, aber in Deutschland muß eine eindeutige Einwilligung gegeben werden. Abgesehen davon würde niemand die Organe ihres Kindes zu Transplantationszwecken entnehmen, weil die Chromosomenstörung in jeder Zelle vorhanden ist."

Schweigen.

Leise fragte ich:

„Und Sie müssen es wirklich an Schläuche anschließen?"

Er nickte wieder und sprach im ruhigen Ton:

„Sie müssen sich über eines klar sein: So gut wie es Ihrem Kind in Ihrem Bauch momentan geht, wird es ihm nie, nie wieder gehen. Deshalb kann ich Ihnen nur den Rat geben, nehmen Sie sich die Zeit und versuchen Sie, jede Minute noch bewußt zu erleben. Versuchen Sie nicht, Ihr Kind zu verdrängen. Es ist Ihr erstes Kind, und es wird immer Ihr erstes Kind bleiben. An Ihrer Stelle würde ich mir auch überlegen, ob Sie dem Kind nicht einen Namen geben wollen."

Ich dachte trotzig: Es hat schon einen Namen. Es heißt: LOUIS!

Dann konnte ich meine Tränen nicht mehr zurückhalten und schluchzte los. Die Worte des Kinderarztes hatten mich wachgerüttelt. Die ganze Zeit hatte ich meine Gefühle verdrängt. Hatte mir „vorgenommen", dieses Kind schnell tot zu gebären, vielleicht um den Abschied nicht zu schwer werden zu lassen. Vielleicht auch, weil ich enttäuscht war, daß es krank war. Ich war wütend auf alles, auch auf das Kind, da es mich so jäh aus meinen Träumen von einer glücklichen Familie gerissen hatte. Ich verglich es für einen Moment fast mit einem Krebsgeschwür, das man schnell vernichten möchte. Aber was kann das Kind für seine Krankheit? Nein, es war mir nicht fremd. Es war unser Kind, und es hieß Louis.

Auf einmal wurde mir klar: Wir hatten eine wunderschöne Zeit zusammen gehabt. Wie konnte ich nur so ungerecht sein und das vergessen? Wie glücklich waren wir zusammen gewesen, und wie beschützt war dieses Kind in meinem Bauch.

Am Abend kam eine Ärztin. Sie versuchte uns klar zu machen, daß wir uns nicht unter Zeitdruck setzen sollten.

„Niemand weiß, wann dieses Kind zur Welt kommt, ob es erst einmal leben wird, wenn ja, wie lange. Es kann sein, daß es morgen kommt, aber vielleicht auch erst viel, viel später. Vielleicht werden Sie wieder nach Hause entlassen."

Nach Hause? Niemals, ich gehe nicht mehr nach Hause!

Die Ärztin riet uns:

„Ziehen Sie sich an und gehen Sie etwas spazieren. Sie müssen auch mal auf andere Gedanken kommen!"

Aber ich wollte nicht rausgehen und unsere kleine Insel verlassen. Hier kannte mich keiner, und niemand stellte mir dumme Fragen. Ich wollte nicht die Kleidung anziehen, mit der ich überglücklich und stolz auf meinen Bauch gekommen war. Wollte nicht in die „Normalität" des Lebens außerhalb der Klinik zurückkehren, jetzt, wo für mich nichts mehr normal war. Ich hatte mich entschieden, in diesem Zimmer zu bleiben, bis alles zu Ende gebracht war.

Ich schickte Daniel los, um Eis für uns zu holen. Ich wollte allein sein. In Daniels Anwesenheit bemühte ich mich immer noch, tapfer zu sein. Ich wollte ihn nicht auch noch mit meinen Schmerz belasten. Als er weg war, setzte ich mich auf das Fensterbrett. Ich hatte vor zwei Tagen den PJler gefragt, warum Gitter vor den Fenstern waren? Damit sich keiner aus dem Fenster stürzt? Er hatte geantwortet:

„Nein, deswegen nicht. Wenn Sie sich aus dem Fenster

stürzen wollen, dann müssen Sie den Gang runtergehen. Dort können Sie springen! Das würde ich Ihnen aber nicht raten! Wir haben vorzügliche Chirurgen!"

Ich wollte mich nicht aus dem Fenster stürzen, aber einen Moment lang hatte ich daran denken müssen und begann, lauthals zu schluchzen. Jetzt konnte ich meinem Schmerz einmal richtig freien Lauf lassen.

Legte die Hand auf meinen Bauch, weinte um unser Kind und sprach mit ihm:

„Ach, Louis. Ich würde dir so gerne Leben schenken. Ich habe so viele Gefühle für dich, und jetzt sitze ich hier und wünsche mir, daß du stirbst. Es soll dich keiner mehr anfassen. Niemand soll dir Spritzen geben. Sie sollen dich in Ruhe lassen. Ich war so glücklich mit dir! Warum nur all das?"

Ich sah durch das Fenster Daniel mit dem Eis wiederkommen und wischte meine Tränen weg. Wie schön, daß ich Daniel hatte, was hätte ich ohne ihn getan?

Wir aßen still unser Eis. Eine Hebamme kam ins Zimmer und sagte:

„Heute Nacht kann es etwas unruhig werden. Ich möchte Sie lieber in ein Einzelzimmer legen."

Sie packte unsere Sachen und schickte uns Spazieren. Ich zog mich an, und wir gingen doch noch in den Krankenhauspark.

Der Himmel war grau, und es begann zu regnen. Ich konnte es kaum ertragen. Zum Glück waren kaum noch Leute unterwegs. Alle paar Schritte krümmte ich mich, weil mein Bauch hart wurde und weh tat. Ich strich über ihn und sprach zu mir selbst:

„Ja, werde nur hart. So ist es gut. Wir haben keine andere Chance, als daß du dich wehrst." Daniel und ich liefen Hand in Hand. Ich blieb immer wieder stehen, weil der Bauch schmerzte.

Daniel sah auf die Uhr. Die Wehen kamen alle zwei bis drei Minuten.

Sarkastisch sagte ich:

„Abartiger Bauch."
„Denk nicht daran. Warum lächelst du?"
„Ich mußte daran denken, daß es mir immer wie ein kleiner Walfisch vorgekommen ist, der eine Weile braucht, um aufzutauchen. Ja, es ist ein kleiner Walfisch. Er schwimmt in viel zu viel Fruchtwasser. Besser hätte ich es nicht sagen können.

Sag mir, wofür? Wofür das Ganze? Wir haben uns vielseitig ernährt, keine Medikamente genommen, nicht geraucht, nicht getrunken, die Eisen- und Kalziumpräparate, die ganzen Vorsorgeuntersuchungen, die Schwangerschaftsgymnastik. Wofür? Daniel, sage mir wofür? Wenn doch schon längst entschieden war, daß unser Kind nie eine Lebenschance hatte, wofür?"

„Ich weiß es auch nicht! Ich habe auch keine Antwort darauf!"

Der Regen auf der Haut und die frische Luft taten uns gut.

Mein Kopf wurde wieder klarer.

„Daniel, ich möchte, daß wir Louis taufen lassen!"

„Ja, das machen wir auf jeden Fall!"

Die Wehen wurden regelmäßiger, kräftiger, und das war gut so. Wir gingen fast eine Stunde im Regen spazieren. Machten uns gegenseitig Mut.

Als wir wieder oben auf der Kreißsaalstation ankamen, hatte die Hebamme meine Sachen schon in das andere Zimmer gebracht. Wir bedankten uns bei ihr. Als sie auch noch mein Bett machen wollte, sagten wir:

„Lassen Sie ruhig, das machen wir schon. Wir wissen sowieso nicht, was wir mit unserer Zeit anfangen sollen. Übrigens hat uns das Spazierengehen gut getan. Wir haben uns entschieden, das Kind taufen zu lassen, besteht da eine Möglichkeit?"

„Das finde ich eine gute Idee. Ich kümmere mich darum! Soll ich wirklich nicht das Bett machen?"

„Nein, das machen wir!"

„Vielen Dank! Falls etwas ist, klingeln Sie bitte!"

Ich zog mir wieder meine „Klinik-Uniform“ an, das Nachthemd. Gemeinsam machten wir das Bett und legten uns darauf. Es war sehr schmal. Daniel wollte nicht nach Hause gehen. Wir lagen engumschlungen. Irgendwann kam nochmal die Ärztin und sagte zu ihm:

„Sie brauchen beide Schlaf. Gehen Sie lieber nach Hause“

„Ich möchte nicht nach Hause. Ich will bei ihr bleiben. Vielleicht kommt das Kind!“

„Das glaube ich nicht. Ich werde Sie sofort anrufen, falls etwas sein sollte. Sie brauchen Schlaf, um Kraft zu tanken!“

„Rufen Sie mich auch sofort an?“

„Sofort, wenn irgend etwas ist. Das verspreche ich Ihnen!“

Zu mir gewandt: „Ich wünsche Ihnen eine gute Nacht, und probieren Sie, etwas Schlaf zu finden. Falls Sie Medikamente brauchen oder etwas sein sollte, klingeln Sie bitte!“ Sie verließ das Zimmer.

Daniel sagte:

„Ich will nicht gehen. Ich will nicht weg von dir!“

„Es ist wirklich besser, wenn wir schlafen, und sie hat doch gesagt, daß sie dich sofort anruft!“

Er ließ sich überzeugen.

Erschöpft schlief ich schnell ein. Nachts wachte ich davon auf, daß mich die Braunüle schmerzte.

Draußen auf dem Flur an der Stationstür klingelte es ununterbrochen, und in den Nebenzimmern hörte ich Frauen schreien. In dieser Nacht war absolute Hochkonjunktur. Ich schlurfte schlaftrunken zur Toilette. Anschließend suchte ich die Ärztin und bat sie, mir doch die Braunüle herauszunehmen.

„Heute Nacht ist viel los, oder?“

„Ja, das kann man wohl sagen. Wenn es in den vorigen Nächten zu ruhig war, ist heute zu viel los. Geht es Ihnen etwas besser? Was macht der Bauch?“

„Der hat sich beruhigt.“

„Morgen sehen wir weiter. Schlafen Sie gut!“

Ich hörte die Frauen wieder schreien. Schreckliche Schreie. Ich dachte, gut, daß ich bei der Zeugung des Kindes noch nicht gewußt hatte, was auf mich zukommen würde. Es müssen ja wirklich fürchterliche Schmerzen sein.

An der Tür zur Kreißsaalstation klingelte es schon wieder, und eine weitere Hochschwangere betrat mit ihrem Mann den Flur. Ich verzog mich wieder in mein Zimmer. Ich konnte nicht viel denken. Fühlte mich leer, ausgepumpt, einfach betäubt.

Am nächsten Morgen (*Samstag*) kam Daniel wieder sehr früh. Es war schon komisch, wie mein Körper reagierte. Sobald Daniel weggegangen war, hörten meine Wehen auf, und frühmorgens begannen sie wieder. Als hätten sie auf ihn gewartet!

Morgens war wieder Chefvisite. Ich war schon frisch geduscht und hatte meine Kleider angezogen, als der Leiter der Poliklinik mich untersuchen wollte. Also mußte ich mich vor allen wieder ausziehen und ins Bett legen. Das war mir sehr unangenehm. Für die Ärzte war es vielleicht Routine, eine Frau nackt zu sehen, aber nicht für mich.

Der Chefarzt untersuchte mich mit ernster Miene und einem kalten Blick. In seinen Augen war nicht ein winziger warmer Ausdruck. Die anderen Ärzte standen um das Bett herum und beobachteten, wie er mich untersuchte. Anschließend versuchte er, die Untersuchunghandschuhe und die Untersuchungsunterlage mit einer abfälligen Handbewegung in den Papierkorb zu werfen. Als ihm dies mißlang, bemerkte ich lächelnd:

„Na, dann werden Sie doch nicht in die Basketballmannschaft aufgenommen!"

Er fand meinen Humor unpassend und fragte sich wahrscheinlich, wie man in einer solch traurigen Situation noch scherzen konnte. Hätte er sich in meine Lage hineinversetzt, wüßte er, daß ich auf diese Weise nur versuchte, die peinliche Untersuchungssituation zu überspielen.

Er schaute mich ernst an und sagte:

„Dr. Wöller wird Ihnen gegen Mittag Fruchtwasser abpunktieren!"

Darüber war ich ganz froh, weil meine Rippe weiterhin schmerzte. Daß mein Lieblingsarzt die Punktion durchführen sollte, war eine innere Beruhigung.

So gegen halb elf fuhren mich Daniel und unser Lieblingsarzt in den Ultraschallraum. Ich legte mich auf die Untersuchungsliege. Dr. Wöller telefonierte mit einer Ärztin, die ihm assistieren sollte. Dann bereitete er alles vor. Die Ärztin kam in das Zimmer und stellte sich vor. Sie war jung, zierlich und modern gekleidet. Ich begrüßte sie lächelnd:

„Oh, wieder eine von den kleinen Sadistinnen."

Sie antworte etwas pikiert:

„Also, als Sadistin würde ich mich nicht bezeichnen!"

Naja, sie lag ja auch nicht auf der Untersuchungsliege. Sie mußte sich keine dicke Nadel durch die Bauchdecke stechen lassen, um einige Liter von sich zu geben. Ihr Kind würde nicht sterben. Ihr hatte niemand Blut abgenommen, und sie war nicht von fremden Männern untersucht worden.

War es denn so schlimm, daß ich einfach mal ein bißchen piesacken und herumalbern wollte? Mußte ich mit Ernst mein Leid ertragen? Bekam mein Schmerz dadurch mehr Gewicht? War ich gefühlskalt, weil ich immer noch versuchte, mir eine Spur von Humor zu bewahren? Es half mir, diese Stunden zu überstehen!

Die junge Ärztin strich meinen Bauch mit Desinfektionsmittel ein. Die Monitoren blieben auf meinen Wunsch aus. Nur der Bildschirm über meinem Kopf wurde angemacht, so daß mit dem Ultraschallgerät die Lage des Kindes überprüft werden konnte. Dann war alles soweit. Die Nadel stach durch meine Bauchdecke. Ich schnappte nach der Hand der Ärztin und drückte sie fest. Sie übergab Daniel meine Hand.

Ich redete mir selber gut zu: Denke jetzt an deine Insel, an das Wasser, das Rauschen des Meeres, an die Palmen. Denke bloß nicht daran, daß eine dicke Nadel in deinem Bauch steckt, und daß aus dem Schlauch Fruchtwasser abläuft. Denke jetzt nicht an dein kleines Kind, das zusammengerollt in deinem Bauch liegt und immer weniger Flüssigkeit um sich herum haben wird. Denk an deine Insel, und vergiß den Schmerz.

Unser Lieblingsarzt fragte zwischendurch:

„Ist es noch auszuhalten?"

„Ich könnte mir zwar weitaus schönere Dinge vorstellen, aber es geht noch. Es muß ja gehen. Mußte die Nadel so dick sein?"

„Hätte ich eine dünnere genommen, dann würde es noch länger dauern!"

Denk an deine Insel, auch wenn die Nadel jetzt hin und her bewegt wird. Denk an die Insel, auch wenn du das Gefühl hast, es saugt dir jemand den ganzen Bauch aus. Denk nicht an dein Kind, das sich wundern wird, wenn es nicht mehr im Fruchtwasser schwimmt. Denk an die Insel, an die Palmen und an den Strand.

Mein Bauch wurde immer wieder hart. Nachdem knapp zweieinhalb Liter Fruchtwasser punktiert worden waren, war die Prozedur Gott sei Dank zu Ende. (Später las ich, daß gegen Ende der Schwangerschaft normalerweise ein halber bis eineinhalb Liter Fruchtwasser vorhanden waren. Bei mir wurden zwei Monate vor Geburtstermin zweieinhalb Liter punktiert.)

Auf dem Weg zur Station erzählte ich unserem Lieblingsarzt, daß gestern nacht absolute Hochkonjunktur im Kreißsaal gewesen war, und daß die Frauen furchtbar geschrien hatten. Da wir unseren Geburtsvorbereitungskurs nicht hatten beenden können, wollte ich wissen, in welcher Phase der Geburt die Frauen so schreien. Auch, ob alle so schreien würden. Er erklärte mir:

„Es ist unterschiedlich. Manche Frauen schreien gar nicht, andere hingegen sehr laut. Das ist auch abhängig von der Zugehörigkeit zu bestimmten Kulturen, Religionen, ihrer Erziehung und wie gut sie auf die Geburt vorbereitet sind."

„Ich weiß ja nicht, wann es soweit ist, und ob ich dann noch zurechnungsfähig bin, aber ich möchte, wenn es irgendwie zu vermeiden ist, keine Peridualanästesie (PDA) haben."

„Warum nicht?"

„Ich habe gehört, daß danach bis zu eine Woche Kopfschmerzen auftreten können. Ich bin migräneanfällig. Kopfschmerzen sind grausam für mich! Ich bekomme Kreislaufschwierigkeiten, mir wird übel, und ich habe Sehstörungen. Also bitte keine PDA! Wenn es irgendwie geht, möchte ich wenig Medikamente bekommen. Ich will mein Kind bei vollen Bewußtsein gebären. Vielleicht ein Beruhigungsmittel, aber sonst bitte nichts! Können Sie mir bitte eine Hebamme schicken, die mich auf die Geburt vorbereitet? Auf das Schreien?"

„Ich werde Ihnen eine Hebamme schicken! Nun ruhen Sie sich erst einmal etwas aus!"

„Ja, außerdem muß ich unbedingt auf die Toilette. Ich habe das Gefühl meine Blase platzt!"

Sie brachten mich wieder ins Zimmer. Mir war etwas schwindelig. Ich hatte einen starken Druck auf der Blase, als plötzlich etwas Warmes an meinen Beinen entlangfloß. Ich wußte zuerst gar nicht, was los war. Daniel saß neben mir auf dem Bett. Ich konnte nicht an meinem dicken Bauch heruntergucken und fragte ihn schamvoll:

„Was ist jetzt passiert? Habe ich uriniert?"

„Nein, es ist Blut!

„Blut? Ich blute? Bitte ruf den Arzt zurück!"

Der kam auch schnell und bat mich, mit ins Untersuchungszimmer zu kommen. Ich folgte ihm gekrümmt und mit der Hand zwischen den Beinen. Ich schaffte es gerade noch auf den Untersuchungsstuhl, als das Blut fontänenartig rausschoß. Der Druck auf der Blase war immer noch da, und ich hatte schreckliche Angst, bei der Untersuchung urinieren zu müssen. Bitte nicht vor den Augen des Arztes und der anderen. Überall dieses Blut.

Eine Hebamme sagte:

„Holt sie da von dem Stuhl runter. Sie klappt gleich zusammen!"

Dann hörte ich nur noch ein Rauschen im Kopf. Die Hebamme und Daniel zogen mich auf eine Liege. Die Hebamme fragte:

„Können Sie mich hören?"

Natürlich hörte ich sie, aber nur von ganz, ganz weit weg.

Plötzlich war wieder alles ganz klar. Ich sah, wie sie das

Blut aufwischten, vom Boden und vom Stuhl. Ich entschuldigte mich:

„Es tut mir leid. Jetzt müssen Sie es auch noch aufwischen."

Unser Lieblingsarzt wollte mir die Braunüle legen. Ich bat ihn:

„Bitte nicht auf den Handrücken!"

Beim Einstechen der Nadel versuchte ich wieder, an meine Insel zu denken.

Bloß nicht an das herausfließende Blut denken, nicht an mein Kind und an die Spritze, sonst kommt wieder das Rauschen im Kopf.

Viele Ärzte standen um mich herum. Der diensthabende Oberarzt sagte:

„Bringt sie in den Kreißsaal!"

Auf dem Weg dorthin scherzte ich schon wieder mit unserem Lieblingsarzt:

„Sie wollen mich jetzt zu den kreischenden Frauen bringen? Ich bin doch noch gar nicht darauf vorbereitet, wann ich zu schreien habe?"

Er lächelte und schüttelte den Kopf:

„Was für eine tapfere Frau!"

Dann war ich auch schon im Kreißsaal. Schon komisch, da waren wir zu all den Informationsabenden gegangen, hatten uns verschiedene Kreißsäle angeschaut, und dann war es auf einmal ganz unwichtig, ob der Raum tapeziert war, Bilder hatte oder was weiß ich. Ich nahm das alles gar nicht richtig war. Ich vertraute meinem Arzt und wäre ihm überallhin gefolgt.

Ich lag im Bett auf dem Rücken, breitbeinig, blutend und war umringt von vielen Menschen mit bedrückten Gesichtern. Wie hilflos fühlte ich mich! Um gegen diese Hilflosigkeit anzukämpfen, versuchte ich zu scherzen.

Ich fragte Daniel:

„Hast Du mir nicht gestern aus dem Horoskop vorgelesen, daß ich momentan gar nicht gerne im Mittelpunkt stehe? Kannst Du ihnen das nicht sagen?"

Der Oberarzt:

„Wir bereiten alles für einen Kaiserschnitt vor. Wir brauchen Blutkonserven. Macht sie für die Operation fertig!"

In Windeseile wurde ich rasiert. So schnell, daß ich nicht einmal scherzend fragen konnte, ob ich nicht ein schönes Herzchen rasiert bekommen könnte.

Bei dem Anziehen der Thrombosestrümpfe konnte ich mir allerdings einen Kommentar nicht verkneifen:

„Ach, Reizwäsche wäre doch in diesem Zustand nicht nötig gewesen!"

Den einen Strumpf bekam ich von der Hebamme und den anderen von unserem Lieblingsarzt angezogen, der meine Art von Humor verstand und triumphierte, daß er schneller als die Hebamme beim Anziehen war. Ich gab zurück:

„Ihnen hätte ich eher zugetraut, beim Ausziehen schneller zu sein!"

Was hätte ich auch sonst machen können, als noch ein bißchen zu witzeln? Hilflos, schamvoll blutend, breitbeinig daliegend! Ich signalisierte damit auch: Hier liegt ein Mensch, der Hilfe braucht! Und: Sie können nicht alles mit mir tun! Mir wird alles genommen, mein Kind, meine Zukunft, ein Teil meines Körpers, mein Schamgefühl, meine Intimität, aber meine Gedanken, die nimmt mir niemand.

Ich wurde an zwei Tröpfe angeschlossen. Einen mit wehenfördernden Mitteln und einen mit einer Lösung gegen den Blutverlust. Ich fragte jetzt wieder ernsthaft, ob die Blutkonserven auch keine Aidsviren hätten.

Dann bekam ich auch schon einen Blasenkatheter gelegt. (Mir blieb wirklich nichts erspart!). Unser Lieblingsarzt wollte die anderen Ärzte rausschicken. Doch der Oberarzt sagte:

„Wir können sie doch nicht einfach blutend hier liegen lassen."

Unser Lieblingsarzt antwortete:

„Wir werden sie auch nicht einfach liegen lassen. Die Hebamme wird sich um sie kümmern."

Dann verließen die Ärzte für einen Moment den Raum. Die Hebamme erkundigte sich, ob ich eine Decke haben wollte. Mir war kalt, und ich nahm dankend an. Die Hebamme strahlte so viel Ruhe aus. Ich erinnerte mich, was Dr. Wöller einmal gesagt hatte: Es gibt Hebammen, von denen man noch viel lernen kann. Ich wußte, sie war eine von diesen Frauen. Ich war in guten Händen. Unser Lieblingsarzt kam mit einem Ultraschallgerät zurück, als die Hebamme fragte:

„Wo hat sich die Plazenta gelöst?"

Er zeigte ihr auf dem Monitor die Stelle.

Die Hebamme erklärte mir später, daß bei einer Plazentalösung die größte Gefahr darin bestand, zu verbluten, so daß meistens ein Kaiserschnitt gemacht wurde.

In meinem Fall entschieden sich die Ärzte, erst einmal abzuwarten.

Ich fragte:

„Was ist mit meinem Kind? Hat es Schmerzen? Bitte tun Sie meinem Kind nicht weh!"

Der Oberarzt meinte betroffen:

„Es wird wahrscheinlich tot sein!"

In diesem Moment war alles für mich gut:

Es ist gestorben, wie es auch entstanden ist, geborgen in mir.

Mir war nicht bewußt, daß ich selber in Gefahr war. Ich hatte nur den Wunsch, daß mein Kind in Ruhe sterben konnte.

Die Hebamme hielt die ganze Zeit über streichelnd meine Hand. Ich sagte zu ihr:

„Jetzt ist alles gut. Keiner kann meinem Kind noch Schmerz zufügen. So habe ich es mir gewünscht!"

Mein Bauch wurde immer wieder hart und das Blut lief weiter. Jetzt konnte ich die Geburt zulassen. Jetzt konnte ich mich von meinem Kind trennen.

„Wirklich?"

„Ja, niemand wird es mehr verletzen." Die Hebamme drückte meine Hand.

„Wollen Sie sich auf die Seite legen? Vielleicht ist das bequemer für Sie!"

Ich drehte mich um. Daniel massierte meinen stark schmerzenden Rücken.

Er fragte:
„Wie lange wird die Geburt dauern?"
„Wir wissen nicht, wie schnell das Mittel wirkt und die Muskulatur sich umstellt! Ein paar Stunden kann es dauern!"

Die Hebamme blieb die ganze Zeit an meiner Seite und streichelte meine Hand. Nach einiger Zeit untersuchte Dr. Wöller, ob der Muttermund schon geöffnet war. Die Untersuchung tat furchtbar weh. Ich biß die Zähne zusammen und versuchte, mir die Tränen zu verkneifen. Ich hatte das Gefühl, mein ganzer Unterleib wäre eine große Wunde. Und in diese Wunde mußte er auch noch hineinbohren. Ich rutschte immer höher auf dem Bett und krallte meine Finger in die Matraze.
Er sagte:
„Auch wenn es weh tut. Rutschen Sie bitte wieder zu mir runter."
Ich stöhnte:
„Wollen Sie mir mein Kind aus dem Hals pressen?"
Die Hebamme erklärte mir:
„Bei einer normalen Geburt schmerzen diese Untersuchungen nicht so, weil die Muskelatur weicher ist. Ihr Körper ist noch nicht darauf vorbereitet zu gebären. Er ist darauf eingestellt, das Kind noch zwei Monate zu tragen. Der Muttermund ist noch fest verschlossen, und die Muskeln sind hart, dadurch ist die Weitung bzw. Untersuchung des Muttermundes so schmerzhaft."
Ich krümmte mich noch nach der Untersuchung vor Schmerzen. Als sich die Hebamme nach einer halben Stunde wieder die Untersuchungshandschuhe anzog, fragte ich panisch:
„Sie wollen doch wohl nicht schon wieder den Muttermund untersuchen? Da hat sich bestimmt noch nichts verändert!"
Sie beruhigte mich:
„Nein, keine Sorge. Ihre Niere funktioniert so gut, daß ich den Katheterbeutel auswechseln will."
„Na, wenigstens etwas, was funktioniert"
Zwischendurch bekam ich immer wieder Blut abgenom-

men. Am HB-Wert wurde überprüft, wieviel Blut ich noch verlieren durfte. Die Hebamme wechselte des öfteren meine Unterlagen und mein Nachthemd. Ich bekam eine Spritze, damit die Muskulatur weicher wurde. Sie tat ziemlich weh. Auch als die Nadel schon lange draußen war, hatte ich noch Schmerzen.

Im Kreißsaal nebenan schrie schon wieder eine Frau. Wenige Minuten später hörte ich den ersten Schrei ihres Babys. Ich empfand einen kurzen Augenblick Rührung und Freude, bis mich meine eigene Trauer wieder einholte.

Gegensätzlicher konnte sich das Leben nicht darstellen: Dort der erste Schrei nach Leben – hier die Bitte um Schweigen, hoffen, daß das Kind tot ist.

Gegen halb drei war Schichtwechsel. Ich lag jetzt schon drei Stunden im Kreißsaal. Das Blut floß. Unsere Hebamme entschuldigte sich:

„Ich verlasse Sie nur ungern. Aber es ist leider nicht absehbar, wann die Geburt stattfindet, und ich habe morgen wieder Frühdienst. Sonst würde ich gerne bis zum Ende bleiben!"

Daniel und ich, wir hatten gar nicht damit gerechnet, daß sie bis zum Ende bleiben würde. Wir waren eher überrascht, daß sie sich entschuldigte. Niemals hätten wir gedacht, daß wir in einer so großen, anonym wirkenden Klinik auf so viel Menschlichkeit, Fürsorge, Anteilnahme und Herzlichkeit stoßen würden.

Die nächste Hebamme war auch sehr mitfühlend. Sie fragte mich:

„Geht es noch mit den Schmerzen, oder wollen Sie etwas haben? Sie können bekommen, was Sie wollen!"

„Momentan geht es noch, vielen Dank!"

Ich schloß wieder die Augen. So konnte ich mich besser darauf konzentrieren, daß mit jeder Wehe mein Muttermund sich öffnen sollte. Ich holte tief durch die Nase Luft und sagte mir beim Ausatmen durch den Mund, daß der Muttermund nun aufgehen sollte. So vergingen die Stunden. Die Schmerzen wurden jetzt doch heftiger, und ich bekam eine Schmerzspritze. Ich konnte mich wieder besser entspannen.

Der Oberarzt kam des öfteren rein:

„Wie geht es ihr, verliert sie noch Blut?"

Unser Lieblingsarzt antwortete:

„Ja! Aber die Blutwerte gehen noch!"

„Warum gebt ihr ihr keine PDA?"

„Sie möchte keine!"

Ich röchelte:

„Nein, ich will keine!"

Die Wirkung des Mittels ließ bald nach. Ich bekam noch eine weitere Spritze, aber anscheinend mit einer geringeren Dosierung, denn so leicht wie vorhin fühlte ich mich nicht mehr. Die Schmerzen wurden stärker. Zu diesem Zeitpunkt klopfte die Pfarrerin an. Ich erklärte ihr sofort:

„Wir möchten, daß unser Kind noch getauft wird. Wenn es seinen Platz schon nicht auf Erden haben darf, soll es ihn im Himmel haben."

Sie hielt tröstend unsere Hände und versprach, alles vorzubereiten.

Ich war wieder mit den Wehen beschäftigt. Gegen acht Uhr abends wurde ich noch einmal untersucht, der Muttermund war erst drei cm offen.

Ich lag immer noch auf der Seite. Auf einmal hatte ich das Gefühl, daß wieder literweise Blut aus mir herausfloß.

„Ich blute wieder mehr!"

Die Hebamme sah nach:

„Nein, diesmal ist es Fruchtwasser! Jetzt geht die Geburt voran!"

Plötzlich fühlte ich, daß etwas zwischen meinen Beinen klemmte. Ich dachte „der Kopf", später stellte sich heraus, daß es der Po des Kindes war. (Unser Kind kam mit Steißlage zur Welt!)

Ich konnte nicht viel sagen. Daniel wollte mir meinen Kopf streicheln, aber ich wollte keine Streicheleinheiten. Ich fauchte:

„Hole den Arzt." Und wimmerte vor mich hin: „Helft mir, bitte helft mir! Hilfe! Mein Kind klemmt zwischen den Beinen."

Die Hebamme schaute nach und holte sofort Dr. Wöller.

Ich versuchte, mich auf den Rücken zu legen, aber ich schaffte es einfach nicht. Ich wollte meinen Körper zwingen, sich umzudrehen, aber er gehorchte mir nicht. Ich hatte keine Kontrolle mehr über mich. Daniel erzählte mir im nachhinein, daß, als unser Lieblingsarzt wieder im Raum war, sie mich gemeinsam auf den Rücken gelegt hätten. Ich kann mich nur schwach daran erinnern, daß ich das Kind herauspreßte. Ich war beruhigt, daß unser Arzt da war und dachte, jetzt ist alles gut. Er wird das schon machen. Ich erinnerte mich daran, daß ich seine Hand zwischen meinen Beinen spürte und er mich anspornte:

„Hier, merken Sie den Druck, hier müssen Sie hinpressen. Nicht so, hier hin! Ja, so ist es gut. Weiter so. Jetzt noch einmal! Ja, so! Das schaffen wir! Nicht schlapp machen! Und noch mal! Jetzt haben wir's gleich!"

Ich weiß nur noch, daß, als das Kind draußen war, alle Schmerzen auf einen Schlag weg waren. Ich fühlte mich ganz leicht. Ich fragte vorsichtig:

„Ist das Kind tot?" Es war eine rhetorische Frage, denn es hatte keinen Schrei gegeben.

„Ja, es ist tot! Möchten Sie es sehen?"

„Nein!!"

Daniel sah es sich an. Er erzählte mir später, daß er dabei geweint hatte.

Ich war zu erschöpft. Ich wollte meine Ruhe. Doch nach einiger Zeit wuchs in mir die Neugierde:

„Kann man die Mißbildungen sehen? Sieht es normal aus?"

„Es ist alles dran. Äußerlich können Sie keine Fehlbildung erkennen! Soll ich es Ihnen zeigen?"

Ich zögerte:

„Vielleicht nur ein bißchen!"

Sie zeigten es mir von weitem.

„Ist das mein Baby?

Es ist so dunkel!

Es sieht aus wie ein Baby von einem Schwarzen!"

Sie sagten mir, daß unser Kind so dunkel war, weil es

schon ein paar Stunden tot war und die Haut bei Frühgeburten noch sehr dünn ist. Meine Hebamme erklärte mir später, daß bei einer Plazentalösung die Babys innerlich verbluten. Das Baby bekommt das nicht mit. Es schläft einfach ein. Einen schöneren Tod hätten wir Louis nicht wünschen können.

Dr. Wöller untersuchte die Plazenta auf ihre Vollständigkeit, auch Daniel durfte sie sehen. Ich verzichtete darauf.

Der Arzt entschied sich für eine Ausschabung. Als der Narkosearzt kam und mich aufforderte, zu unterschreiben, daß ich über die möglichen Folgen der Operation aufgeklärt worden war, hatte ich meinen Galgenhumor wiedergefunden:

„Ich unterschreibe hier nichts! Wer garantiert mir denn, daß ich dann keine Waschmaschine erhalte?"

Na, ist doch wahr. Ich war viel zu erschöpft, um etwas zu lesen. Geschweige denn, Verantwortung zu übernehmen. Natürlich unterschrieb ich, aber richtig war es nicht! In so einem Zustand würde man alles unterschreiben.

Dann bekam ich auch schon die Lachgasmaske und war für eine kleine Weile weg. Als ich wieder aufwachte, war der Kinderarzt da. Er kam an mein Bett.

„Haben Sie Ihr Baby schon gesehen?"

„Ganz kurz!"

Er brachte es an mein Bett. Hielt es in seinem Arm.

„Möchten Sie es in den Arm nehmen?"

Ich schüttelte mich.

„Schauen Sie mal! Hier sind die kleinen Hände. Sehen Sie?

Es sind alle Finger dran!

Hier sind die langen Beine mit den Füßchen! Die Zehen!

Und hier ist sein Geschlecht! Die kleinen Hoden, es sieht alles normal aus.

Da ist die lange Nabelschnur. Es ist alles dran, sehen Sie mal, an den Fingern sogar kleine Fingernägelchen."

Ich kam dem Baby immer näher. Langsam, unsicher berührte ich zitternd seine kleine Hand. Es war mir nicht mehr unheimlich. Auf einmal wollte ich es berühren. Wollte alles sehen, die Zehen, die Füßchen, die Beine . . .

Behutsam legte er es mir auf dem Bauch, und nach einer kurzen Weile legte ich meinen Arm um das Kind. Ich hielt mein totes Kind in den Armen. Ich hielt Louis in den Armen! Unseren Louis, den ich geboren hatte. Er war um 21 Uhr 03 auf die Welt gekommen.

Er war 36 cm lang, wog 1040 g und hatte ganz viele schwarze Haare. Ich hatte mir immer ein Kind mit schwarzen Haaren gewünscht. Plötzlich fiel es mir wieder ein: „abartiger Bauch". Dieser „abartige" Bauch hatte ein wunderschönes Kind behütet.

„Daniel, siehst du, wie schön Louis ist?" Vielleicht war er es gar nicht, aber für mich war es das schönste Kind der Welt!

Dieses kleine, längliche Gesicht mit der langen Nase. Daniel stellte fest:

„Schau mal, Louis hat deine längliche Gesichtsform!"

„Und er hat deinen schönen Mund."

Dann sahen wir uns die kleinen Füße an. Der große Zeh war kleiner als die anderen. Irgendwie kam mir das bekannt vor. Später fiel es mir wieder ein. Meine Oma hatte die gleichen Füße. Auch bei ihr war der große Zeh kleiner als die anderen Zehen. Louis hatte sehr lange Beine. Sicherlich wäre er mal ein großer Sportler geworden oder ein Musiker oder .... Bitte nicht daran denken, was geworden wäre, wenn er gesund gewesen wäre. Das Wörtchen „wenn" hat keine Bedeutung mehr. Daran dürfen wir gar nicht mehr denken. Die Hoffnung wurde uns in dem Moment genommen, als wir erfuhren, daß Louis todkrank war. Stelle dir bloß nicht vor, wie niedlich dieses Kind in seinem dunkelblauen Kinderwagen gelegen hätte, wenn ....

Wir bedankten uns bei dem Kinderarzt für seine offenen Worte. Er hatte uns geholfen, dieses Kind als unser erstes Kind anzunehmen. Nur dadurch hatten wir eine Chance, irgendwann einmal wieder frei von Ängsten zu sein, frei für ein neues Kind.

Die Pfarrerin kam, um das Kind inoffiziell zu taufen. Da es tot zur Welt gekommen war, durfte sie es eigentlich nicht. Gemeinsam beteten wir für unser Kind. Es war ein wichtiger Moment. Wir gaben Louis in Gottes Hände, dieser Gedanke beruhigte uns.

Die Ärzte ließen uns eine ganze Weile alleine. Im nachhinein weiß ich, wie wichtig es für uns war, uns unser Kind in Ruhe anzusehen. Gut, daß die Ärzte meine anfängliche Scheu, das Kind zu betrachten und anzufassen, nicht ernst genommen hatten.

Jetzt hatte ich keine Angst mehr vor meinem Kind. Keine Angst mehr vor seiner unheimlichen Krankheit. Hatte keine „Monstervorstellung" mehr. Konnte besser mit seinem Tod umgehen, mit dem nicht geführten Leben. Es war unser Kind, und es war eine lange Zeit in meinem Bauch.

An dich Louis

Angst vor dem Schrei nach Leben,
ein Leben, das du nie haben wirst.
Ich schenkte dir Sein, Liebe, Fürsorge und Geborgenheit.
So bekamst du eine Seele, um damit wieder von uns zu gehen.
Wir ließen dich taufen, damit, wenn nicht auf Erden, du deinen Platz im Himmel weißt.
Ich wollte dich tot gebären, um dir sämtliche Qualen zu ersparen.
Kein künstlicher Brutkasten; keine Spritzen; keine grellen Lichter; keine lauten Stimmen, die du nicht kennst.
Fühle dich nur geborgen, geborgen in mir.
Und bitte, schrei nicht nach Leben, ein Leben, das ich dir nicht geben kann.
So wollte ich jede Wehe, damit die Geburt begann,
vergaß die eigenen Schmerzen, damit mein Kind in Ruhe sterben kann.

Später fotografierte die Hebamme unser Baby, so daß wir eine bleibende Erinnerung hatten. Wenn das Kind unter 1000

Gramm gewogen hätte, hätten wir es nicht beerdigen dürfen. Auch hätte ich keinen Anspruch auf Mutterschutz und Mutterschaftsgeld gehabt. (In meinem Falle wäre das verherend gewesen, da mir mein Vorgesetzter sicherlich sofort gekündigt hätte. – Ich war ja noch in der Probezeit! So konnte ich mich in Ruhe wieder regenerieren). Augenblicklich ist das ja wieder in der Diskussion, aber immer noch gelten Kinder unter 1000 Gramm Geburtsgewicht rechtlich als Fehlgeburt. Das Krankenhaus ist dann „berechtigter Gewahrsaminhaber", und die Totenruhe der Geborenen ist nicht geschützt. Meiner Meinung nach eine sehr ungerechte Bestimmung. Was hätten in meinem Fall 40 Gramm für einen Unterschied gemacht? Nur weil Louis über 1000 Gramm gewogen hatte, galt er als Totgeburt, und ich hatte dieselben Rechte wie jede andere Mutter.

Wir waren froh, daß wir das Kind beerdigen lassen mußten. Ich hätte es nicht verkraftet, wenn es einfach so „verschwunden" wäre. Und wohin wäre es gekommen? In die Pathologie? Oder schlimmer noch: verbrannt mit all den anderen „Abfällen" der Klinik? Oder hätten sie es vielleicht in Formaldehyd eingelegt, als Anschauungsobjekt für Studenten? Nein, all das ist mit unserem Kind nicht passiert. Diese Alpträume sind mir erspart geblieben.

Wir entschieden am nächsten Tag, unser Kind in das Grab meines Opas beizulegen. Dort war noch ein Urnenplatz frei. Schließlich gehörte Louis zu unserer Familie, und er sollte einen festen Platz haben, nicht nur in unseren Herzen. Auch wenn ich nicht gerne auf Friedhöfe gehe und vielleicht nicht oft am Grab stehen werde, – unser Kind soll ein „Zuhause" haben. Seine Seele soll nicht heimatlos sein.

Nachdem wir Louis ungefähr eine Stunde bei uns gehabt hatten, gab ich das Baby der Hebamme. Ich wurde dann nicht auf die Wöchnerinnen-Station gefahren, sondern auf die Gynäkologie. Das fand ich sehr rücksichtsvoll. Ich lag alleine in einem Zimmer. Ich weiß noch, daß ich an diesem Abend stolz war, stolz auf mich:

Ich hatte geboren, zum ersten Mal in meinem Leben ein Kind geboren!

Daniel blieb die ganze Nacht bei mir. Er schlief auf dem unbequemen Stuhl neben mir. Wir hielten uns an den Händen. Ich war so erleichtert, daß unser Kind nicht hatte leiden müssen und alles so schnell verlaufen war. Gegen Morgen schickte ihn die Nachtschwester nach Hause. Wir konnten uns nur schwer trennen.

Später kamen mich Dr. Wöller und unsere Lieblingshebamme besuchen. Sie gab mir Literaturhinweise und die Adressen von Selbsthilfegruppen sowie von Hebammen, die sich auf die Nachsorge von Frauen spezialisiert hatten, deren Kinder tot geboren waren. Auch ihre Telefonnummer schrieb sie mir auf, falls ich mal Hilfe bräuchte. Ich war an diesem Morgen relativ gefaßt. Ich war zufrieden, daß ich meinem Kind Leid erspart hatte. Die Hebamme fragte mich, ob ich das Kind noch einmal sehen möchte. Ich verneinte.

Sie sagte:

„Momentan arbeitet Ihr Kopf, der Ihnen sagt, es ist besser so, aber es wird der Zeitpunkt kommen, an dem Ihr Herz spricht. Da wird noch ganz viel Schmerz auf Sie zukommen! Wenn Sie nicht mehr weiter wissen, rufen Sie mich ruhig an!"

Sie umarmte mich mitfühlend, und wir hatten beide Tränen in den Augen.

Nachmittags kam Daniel mit meiner Oma vorbei. Sie sah sehr schlecht aus. Ich wußte, daß sie die ganze Zeit mitgelitten hatte und daß es ihr unendlich schwer gefallen war, nicht schon früher zu kommen. Bestimmt hatte sie die ganzen letzten Nächte nicht geschlafen. Sie wollte gerne das Baby sehen, aber ich befürchtete, daß sie sich erschrecken und noch trauriger sein würde. Für mich war Louis schön gewesen. Aber wie sah er für andere aus? Auch als ich mir später die Fotos ansah, dachte ich: Vielleicht konnte man seine Krankheit doch sehen. Vielleicht kann man den Tod auch nicht fotografieren. Ich habe mein Kind ganz anders in Erinnerung. Daniel fuhr meine Oma wieder zurück.

Eine Krankenschwester kam ins Zimmer, sah mich weinen, umarmte mich und holte eine ganze Packung Kleenex-Tücher. Sie sagte, die werden sie brauchen, und die müssen sie auch aufbrauchen. Tränen helfen über Schmerzen hinweg, und sie haben noch viele, viele Tränen zu weinen!

Abends kam dann ganz massiv der Schmerz: mein Bauch war so leer, mein Kind fehlte mir so sehr.

Ich konnte meinen Bauch nicht anfassen. Ich hatte Angst, an meiner Hand etwas zu spüren, was nicht da war. Phantomschmerzen wie jemand, dem sie das Bein abgenommen hatten und der das Jucken seines kleines Zehes spürte, so hatte ich Angst, mein Kind zu spüren.

Unser Lieblingsarzt kam mich besuchen. Er hatte gerade Feierabend, denn er kam in Jeans und Turnschuhen herein. Er setzte sich hin, und wir unterhielten uns einige Zeit. Er erzählte mir, daß er zu einem Kongreß nach Paris fliegen würde. Hatten wir ein Glück, daß unser Kind noch rechtzeitig gekommen war!

Am nächsten Morgen ging es mir schlecht. Ich hätte nur noch heulen können. Ich probierte, alleine aufzustehen, um mich zu waschen, und taumelte zum Waschbecken. Als ich wieder zu meinem Bett geschlichen war, kamen Dr. Cordes und Dr. Wöller herein. Sie sagten:

„Das ist ja toll, Sie laufen ja schon wieder!" Ich sah Dr. Wöller an. Er hatte eine farbenfrohe Krawatte umgebunden.

„Sie sehen ja heute so schick aus. Haben Sie noch ein Rendezvous?"

Er lachte mich an:

„Ja, mit Ihnen!"

Dr. Cordes sagte bekümmert:

„Das hat ja wirklich noch ein tragisches Ende genommen!" Ich antwortete:

„Ja, aber auf der anderen Seite konnten Sie mir so helfen!"

Herr Wöller erklärte mir:

„Das ist richtig, aber ich habe selber ganz schön feuchte Hände gehabt. Niemand wußte, wie lange Sie den Blutverlust aushalten. Aber ich wollte Ihnen den Kaiserschnitt ersparen!"

„Mir war die Gefahr gar nicht bewußt. Ich hatte nur den Wunsch, daß meinem Kind nichts mehr passiert. Um mich selber habe ich mir gar keine Gedanken gemacht."

„Sie haben ein Drittel Blut verloren! Sie werden noch eine lange Zeit fleißig die Eisentabletten nehmen müssen."

Ich sah aus dem Fenster. Es war grau und regnerisch.

Dr. Cordes fiel auf:

„Nun ist auch noch so ein deprimierendes Wetter!"

„Es ist, als wenn der Himmel mitweint. Für mich wäre es viel schmerzvoller, wenn die Sonne scheinen und mir ins Gesicht lachen würde!"

„Sie haben Ihr Baby gesehen?"

„Ja, und es wurde getauft!"

„Äußerlich hat man nichts gesehen."

„Die Füße und Hände sahen dick aus. Erkannte man daran die Krankheit?"

„Nein, das ist bei vielen Acht-Monatskindern so!"

„Ich habe auch noch nie eines gesehen. Wann sieht man schon Acht-Monatskinder?"

Dr. Cordes:

„Wurde eine Autopsie gemacht?"

Dr. Wöller antwortete:

„Nein, das wollte sie nicht!"

Ich fragte:

„Hätte es uns etwas genutzt? Etwas geändert?"

Dr. Cordes schüttelte den Kopf.

„Ich wollte meinem Kind den Frieden geben. Was hätten wir davon gehabt zu wissen, daß vielleicht die Leber auch nicht funktionierte? Die Studenten hätten etwas zum Üben gehabt. Aber vielleicht finden sie ja auch noch was anderes."

Ich stöhnte traurig:

„Mir fehlt mein Bauch so sehr!"

„Das ist normal und wird eine lange Zeit brauchen!"

Dann war ich wieder allein.

Meine Tränen liefen nur so herunter. Nun kam die ganze Trauer und der Schmerz über den Verlust unseres Kindes wie eine Welle über mich. Ich überlegte verzweifelt, wen ich anrufen könnte, wer mir weiterhelfen könnte.

Ich rief meine Freundin an, die als Hebamme in Stuttgart praktizierte. Sie sagte, sie käme heute sowieso nach Berlin und wollte mich sofort besuchen.

Ich brauchte Hilfe. Ich hatte das Gefühl, sonst würde ich verrückt werden.

In all diesem Gefühls-Chaos rief meine Oma an und wollte mir Vorschriften machen. Ich sollte jetzt auch an Daniel denken, er hätte schließlich viel mitgemacht. Auch müßte ich mich auf unsere bevorstehende Hochzeit konzentrieren. Ich legte den Hörer einfach wieder auf. Wenn ich jetzt etwas nicht brauchen konnte, dann so etwas. Ich suchte Trost.

Meine Oma schien sämtliche Verwandten auf mich angesetzt zu haben, denn das Telefon klingelte unentwegt.

Eine meiner Tanten erklärte mir, daß es noch mehr traurige Dinge auf der Welt gab. Ein Arbeitskollege von ihr, Vater von drei Kindern, sei tödlich verunglückt. Trotzig dachte ich, zumindest hat der Arbeitskollege ein langes Leben gehabt! Louis hat überhaupt nicht gelebt, durfte nicht Familienvater werden, arbeiten, Kollegen haben. Louis hatte keine Chance. Ich war froh, als das Gespräch beendet war.

Meine Patentante aus München rief an und erzählte mir die Geschichte von den zwei Spuren im Sand. Ein Mann kommt zu Gott in den Himmel. Gott führt den Mann zu einem großen Feld und zeigt ihm zwei Spuren, die Spuren seines Lebens. Der Mann fragt: „Woher kommt das zweite Paar Spuren?" Gott anwortet: „Das sind meine Schritte. Ich habe dich die ganze Zeit begleitet." Der Mann antwortet:

„Aber manchmal sind nur ein Paar Schritte zu sehen. In der Zeit, in der es mir am schlechtesten ging, hast du mich allein gelassen." Gott antwortet: „In der Zeit, in der es dir schlecht ging, habe ich dich getragen!"

Ob er auch mich getragen hat? Und ob er jetzt unseren Louis tragen wird? Wo ich es nicht mehr kann?

Eine Krankenschwester fragte mich:

„Wollen Sie denn nach der Tragödie überhaupt noch jemals ein Kind?"

Ich antwortete:

„Natürlich! Ich hatte acht wundervolle Monate mit meinem Kind. Auch der Schmerz kann das nicht auslöschen!"

Gegen Mittag kam Daniel. Ich bat ihn, eine der empfohlenen Hebammen anzurufen. Er machte einen Termin für den folgenden Abend aus. Daniel rechnete damit, daß ich bald entlassen würde. Er wollte mich schnell wieder bei sich zu Hause haben, vielleicht auch, weil er es nicht ertrug, alleine mit seinen Gefühlen zu sein. Mir war alles egal.

Am Nachmittag kam Daniels Mutter. Sie nahm uns in die Arme und weinte. Daniel sagte mir später, daß es das erste Mal war, daß er seine Mutter so weinen sah.

Abends besuchte uns Mira, die Hebamme, mit der ich befreundet war. Sie war die erste, die mir jene Streicheleinheiten gab, nach denen ich mich so sehr sehnte. Sie sagte:

„Was hast du durchgemacht, und wie tapfer du dabei warst!"

Ja, das wollte ich hören. Anerkennung, nicht Herunterspielen, so als wäre nichts gewesen. Nicht nach dem Motto: Kind, kein Grund traurig zu sein, das Leben geht weiter. Du kannst noch viele Kinder haben. Sei froh, daß das Kind tot war, schließlich wäre es behindert ... Ich wollte ganz einfach Mitleid! Keinen Trost! Es gibt keinen Trost für den Tod eines Kindes!

Mira sagte, daß ich wirklich großes Glück mit den Ärzten gehabt hatte. Auf diese Weise waren mir Kaiserschnitt und Blutkonserven erspart geblieben. In ihrer Uniklinik hätten die mich sofort aufgeschnitten! Die Ärzte hätten das Risiko nicht auf sich genommen. Ich war dankbar. Mein Körper hatte so selber bestimmen können, wann er sich von dem Kind trennen wollte. Es wurde mir nicht einfach unter Vollnarkose genommen.

Am Abend besuchte mich noch einmal unser Lieblingsarzt. Er kam immer mit einem strahlenden, erfrischenden Lächeln hinein:

„Na, wie geht's meiner Patientin?"

„Es geht so! Ich habe eine Frage:"

„Welche?"

„Sie waren fast die ganze Zeit bei uns im Kreißsaal, warum?"

„Ich wollte Sie nicht allein lassen."

„Aber an anderer Stelle hätten Sie doch vielleicht lebende Babys auf die Welt bringen können?"

„Na und?"

„Zählt das nicht mehr?"

„Es ging um Sie! Bei den anderen Geburten konnten auch die Hebammen dabei sein! Wissen Sie, daß ich das erste Mal einen Schwur gebrochen habe?"

„Nein, wieso?"

„Ich habe Ihren Mann bei der anschließenden Ausschabung mit im Kreißsaal gelassen. Das habe ich noch nie getan!"

Daniel fragte:

„Und warum bei uns?"

„Draußen waren so viele Geburten im Gange, und sie waren die ganze Zeit über zusammen. Ich konnte Sie einfach nicht rausschicken zu den anderen! Ich brachte es nicht über's Herz!"

Wir wußten, es war ein besonderer Arzt. Einer, der das Herz auf dem richtigen Fleck hatte.

„Kann ich morgen schon wieder nach Hause?"

„Das halte ich für eine gute Idee. Ihr Körper braucht zwar noch Zeit, bis er die verlorene Blutmenge wieder aufgebaut hat, aber das geht hier auch nicht schneller. Und zu Hause kommen Sie vielleicht eher zur Ruhe."

Daniel fragte:

„Glauben Sie, daß sie bis nächste Woche wieder einigermaßen fit sein kann? Wir wollen nämlich heiraten! Nur im kleinen Rahmen, standesamtlich. Ursprünglich wollten wir im September ein großes kirchliches Hochzeitsfest zusammen mit der Taufe unseres Kindes feiern."

„Ich denke schon, daß es ihr bis nächste Woche wieder besser geht! Wo heiraten Sie denn?"

„Im Standesamt Berkaer Platz!"

„Da habe ich auch geheiratet!"

„Das ist ja ein Zufall! Haben Sie auch das Kaminzimmer gehabt?"

„Ja! Es war sehr, sehr schön dort!"

„Wann, meinen Sie, können wir verreisen?"

„Wann möchten Sie denn?"

„Mitte Juli!"

„Ihre zukünftige Frau ist jung und gesund. Bis dahin ist sie wieder ganz bei Kräften. Wohin soll's denn gehen?"

Ich antwortete:

„Wir wollen in die Dominikanische Republik fliegen, weil es da wunderschöne naive Ölbilder gibt, deren Farben einem richtig Lebensfreude geben können. Die haben wir jetzt beide bitter nötig!"

„Solange Sie nicht auf hohe Berge klettern, ist Urlaub sicher gut für sie beide."

Er wünschte uns für unsere Hochzeit alles Gute.

Am nächsten Tag wurde ich noch einmal untersucht und durfte dann das Krankenhaus verlassen. Ich hatte Angst, in unsere Wohnung zurückzukehren. Denn dort erinnerte mich alles an Louis.

Zu Hause habe ich mit dir gelebt,
mit dir gespielt,
mit dir gesprochen
mit dir Musik gehört
und vor allem dich *erwartet*.

Daniel holte mich ab. Er hatte drei Leysiffer-Torten mitgebracht, die wir jeweils an das Pflegepersonal, an die Hebammen im Kreißsaal und an den Ultraschallspezialisten verteilten. Das Pflegepersonal war betroffen, im Kreißsaal hatte fremdes Personal Dienst (es ist halt doch eine Fabrik) und der Ultraschallspezialist war traurig und sagte:

„Bei so einem Anlaß auch noch ein Dankesgeschenk!"

Wir aber hatten das Bedürfnis, uns bei ihm zu bedanken, weil auch er in unseren Augen eine sehr schwere Aufgabe gehabt hatte. Denn er mußte uns aus einem glücklichen Traum herausreißen, um uns die bittere Realität zu präsentieren.

„Hier habe ich noch ein paar Adressen von Selbsthilfegruppen. Ich schreibe Ihnen auch die Anschrift von dem genetischen Institut auf, in dem Louis' Chromosomen bestimmt wurden. Dort können Sie sich später noch einmal in Ruhe beraten lassen. Den einzigen Trost, den ich Ihnen im Moment geben kann, ist, daß Sie in drei Monaten wieder schwanger werden können, und daß dann kein erhöhtes Risiko für Sie besteht. Sie können bei einer neuen Schwangerschaft die normalen Untersuchungen bei uns machen lassen oder nur ab und zu zur Kontrolle kommen, wie Sie möchten."

Für unseren Lieblingsarzt wollten wir uns etwas Besonderes einfallen lassen.

So verließen wir das Krankenhaus und gingen mit leeren Händen die endlos langen Gänge entlang. Alles wirkte sehr steril und unpersönlich, aber wir hatten erfahren, daß hier viele warmherzige Menschen arbeiteten, und letztendlich zählten doch nur die.

Am Nachmittag zu Hause kam die Hebamme, die Daniel angerufen hatte. Wir erzählten ihr alles. Sie wollte mich von nun ab täglich besuchen kommen. Ich war dankbar dafür.

Dann legte ich mich wieder ins Bett. Ich fühlte mich schwach und ausgelaugt. Vor allem wußte ich nicht, wohin mit meinen Gefühlen:

WOHIN?

Wohin mit meiner Fürsorge, mit meinen Gefühlen, mit meiner Liebe, mit meiner Zärtlichkeit für mein Kind. Ich war darauf eingestellt, dich bald in meinen Armen zu halten, dich zu stillen, zu wärmen, dich aufzuziehen. Ich wollte dir Geborgenheit schenken.

Nun bist du fort.

Jetzt kann ich meine Muttergefühle nicht ausleben, weiß nicht, wohin mit den Gefühlen. Zeig mir den Ort! Ich war doch so darauf eingestellt, dich zu beschützen, dir einen Start in diese Welt zu verschaffen. Nun bist du fort! Fort von mir! Wohin?

Daniel verarbeitete seine Trauer, indem er überaktiv wurde. Er konnte kaum stillsitzen, mußte ständig irgend etwas unternehmen.

Ich begann zu schreiben. Ich wollte nichts vergessen. Wollte Louis nicht verdrängen. Wollte nicht einfach so wieder ins normale Leben eintauchen, als wäre nichts geschehen. Als hätte Louis nicht existiert. Ich konnte keine Musik hören und nicht fernsehen. Ich wollte keine Bücher lesen, bevor ich nicht meine Geschichte aufgeschrieben hatte. Wollte Louis einen Denkstein setzen – kein Denkmal, das erinnert an den Tod.

Ich wollte mit dieser Geschichte auch Louis seine Existenz beweisen, denn für viele Menschen existiert ein Kind erst, wenn es geboren ist. Die Chinesen sagen, daß ein Kind bei der Geburt schon ein Jahr alt ist. Treffender kann man es nicht sagen. Für mich hat Louis bereits gelebt.

Ich hatte bald gar keine Lust mehr, meine Geschichte zu erzählen und das hilflose Gestammel der anderen zu hören. Ich weiß, niemand wollte mich verletzen, aber sie fanden die passenden Worte nicht.

Mein Schreiben half mir. Hier konnte ich alles noch einmal erleben, festhalten, mich erinnern und meine Traurigkeit zulassen.

Manchmal ertappte ich mich dabei, wie ich unsere Geschichte ganz ruhig erzählte, als wäre es die Geschichte einer anderen. Durch die scheinbare Distanz gelang es mir nach außen hin besser, mit dem Schmerz umzugehen. Wie tief verletzt ich jedoch innerlich war, spiegelte sich in meinen Träumen wider:

„Ich traf meinen füheren Chef und fragte ihn, ob er schon vom Tod meines Kindes gehört hatte. Ich war dabei sehr traurig. Er sagte, ja, aber er glaube es nicht. Ich hätte doch noch immer meinen Bauch und sehe schwanger aus. Ich sagte: „Doch es ist wahr, mein Kind ist tot, die Nabelschnur wurde im Bauch durchtrennt, es kann nicht mehr leben." Er wiederholte, er glaube es nicht. Dann sah ich an mir hinunter und war auf einmal ganz glücklich: Ja, mein Bauch war noch da, mein Kind lebt. Das Gefühl war so warm und tröstlich, und ich war so glücklich.

Ich fragte mich, wer hat mir erzählt, das Kind sei tot und wieso? Ich konnte mich nicht erinnern.

Doch auf einmal kam mein Bewußtsein wieder. Die Erinnerung an den Krankenhausaufenthalt, an die Geburt und an den Tod. Die ganze Traurigkeit war wieder da.

So wachte ich auf in tiefer Trauer.

Ich wußte, daß ich Louis noch einmal sehen mußte, um wirklich zu begreifen, daß er tot war.

Unsere Hembamme gab uns den Tip, das Bestattungsinstitut „Müller" anzurufen, dort würden sie sich mit Kinder-Bestattungen auskennen. Daniel fuhr hin. Der junge Geschäftsfüher war sehr freundlich und einfühlsam. Wir durften dem Kind etwas Eigenes zum Anziehen geben, wenn es aus 100 Prozent Baumwolle war, und wenn wir sämtliche Polyester-Schilder heraustrennten. Bei einer Einäscherung wurde ja alles mitverbrannt. Da ich das Kind noch einmal sehen wollte, machten wir für Freitag einen Termin aus.

Herr Müller ließ alles in der Klinik vorbereiten. Unsere Hebamme wollte uns begleiten, um noch einmal ein Bild zu machen. Das Polaroid-Foto aus der Klinik war nun wirklich kein schönes Andenken. Daniel hatte, bevor ich aus der Klinik kam, sämtliche Babysachen, Bücher usw. in einen großen Koffer gepackt und alles auf unserem Hängeboden verstaut. Jetzt holten wir den Koffer wieder runter und suchten für Louis den kleinen Matrosen-Anzug aus, den wir mit soviel Liebe gemeinsam ausgesucht hatten. Heulend trennte ich den Reißverschluß und alle Etiketten heraus. Daniel brachte den Anzug in das Beerdigungsinstitut.

Währenddessen rief ich bei der Krankenkasse an und fragte nach, welche Papiere sie benötigten. Sie bestätigten mir, daß ich Anspruch auf zwölf Wochen Mutterschutzzeit hatte, da das Kind über 1000 und unter 2500 Gramm gewogen hatte. Sie benötigten die Sterbeurkunde sowie eine Bestätigung über das genaue Geburtsgewicht des Kindes vom Krankenhaus.

Anschließend informierte ich die Personalabteilung meiner Firma über den Tod des Kindes. Was würde da noch auf mich zukommen? Meinem Nachfolger hatten sie jedenfalls nicht gekündigt. Mir durften sie erst vier Monate nach der Geburt kündigen. Da ich bis dahin aber aus der Probezeit heraus war, war ich gespannt, was sie sich einfallen lassen würden.

Trauer

Zuerst hatte ich das Verlangen, meine Trauer mit jedem zu teilen, bis ich begriff, daß nur ganz wenige Menschen damit umgehen können. Von Leid wollten viele nichts hören.

Entweder haben sie sich zurückgezogen, als hätte ich eine ansteckende Krankheit, oder sie haben vom Unglück anderer Personen erzählt, als würde mich das trösten. Andere haben gesagt: Ihr seid ja noch jung und könnt andere Kinder haben. Und wenn das nicht klappt, könnt ihr immer noch welche adoptieren. So einfach ist das also. Einfach auswechselbar, so wie eine Unterhose. Am schlimmsten waren Bemerkungen wie: Es ist das Beste für das Kind. Als hätte ich es nicht selbst gewußt. Ich habe es schließlich tot geboren und ihm somit viel Leid erspart. Ich gab ihm „das Beste". Doch was ist jetzt mit mir?

Einige sagten, es ist besser so: Wenn es erst einmal gelebt hätte und ihr euch an es gewöhnt hättet, wäre der Abschied noch schwerer gefallen. Vergessen sie, daß es schon acht Monate in mir gelebt hat? Entsteht für sie nur Leben nach der Geburt? Ist nur das lebendig, was wir sehen und nicht das, was wir in uns fühlen?

Wollten sie mich beruhigen oder nicht eigentlich sich selbst?

Manche sagten, sie wissen nicht, was sie sagen sollen. Es ist ehrlich. Ich weiß es auch nicht. Besser nichts als etwas Falsches.

Andere sagten, wir sind mit dir traurig. Manche nahmen mich in den Arm oder weinten einfach mit. Sie haben mir geholfen, weil sie mir meine Trauer zugestanden haben. Ich will ehrliche Anteilnahme, aber nicht die anderen noch trösten müssen. Ich wünsche mir einfach ein paar Streicheleinheiten, etwas Wärme und viel Zeit. Behandelt mich nicht wie eine Schwerkranke. Schwerkrank bin ich nicht – nur tief verletzt!

Es gab wirklich Leute, die sagten, ich solle glücklich sein, daß das Kind tot war. Wie konnte ich glücklich über den Tod meines Kindes sein? Ich war erleichtert, daß es nicht leiden mußte, aber doch nicht glücklich. Glücklich wäre ich, wenn mein Kind gesund gewesen wäre, wenn es leben würde. Glück ist etwas Positives – wie kann der Tod eines Kindes positiv sein? Und ist es nicht egal, ob es krank oder gesund war? Es ist tot! Und um diesen Tod trauere ich. Ist der Tod eines Kranken etwa weniger bedauernswert als der eines Gesunden?

Victoria meinte dazu:

„Sind wir in einem Lebensmittelladen, wo abgewogen wird, wieviel Schmerz jemand hat? So wie man Mehl abwiegen läßt?"

Schmerz ist nicht meßbar. Er gehört in keine Waagschale.

Eine mit uns befreundete Psychologin sagte:

„Wenn Schmerz meßbar ist, dann ist dein Schmerz für

mich der größte, weil du nie dein Kind lebend in den Armen halten durftest. Du konntest deine Gefühle nie ausleben."

So empfand ich es auch.

Ein anderer hingegen sagte:

„Es ist schon besser, daß es tot ist. Dieses Kind wäre eine Belastung auch für eure ganze Familie geworden."

Es traf mich wie ein Blitz. Ja, ich hatte vielen viel erspart. Auch der Hausmeisterin, der Bäckersfrau, dem Mann auf der Straße, der ...

Verschweigen

Verschweig, daß dein totes Kind krank war.

Sie sagen sonst alle, es ist besser so.

Schließlich hast du auch *ihnen* viel erspart.

Mütter gesunder Kinder werden gefeiert.

Mütter kranker oder verstorbener Kinder werden gemieden.

Haben sie weniger geleistet, weil ihr Kind krank war und gestorben ist?

Vergeßt Ihr, daß sie unter denselben Geburtswehen lagen?

Sie bleiben allein mit ihrem Verlust, Kummer und Schmerz.

Eine schwangere Frau gibt alles für ihr Kind, egal ob es gesund oder krank ist.

Meine Freundin Tanja half mir.

„Du hast etwas ganz, ganz Schlimmes erlebt, und wenn dir danach ist, dann stell dich vor den Spiegel und fang an zu schreien. Oder, wenn dir danach ist, dann iß drei Gläser Gurken oder ich weiß nicht was. Nimm dir das, was du und dein Körper brauchen. Du brauchst die Zeit der Trauer. Laß die Gefühle raus. Dein Kind ist tot. Du hast ihm alles gegeben. Du bist übrig, und es geht jetzt um dich. Nur noch um dich. Darum nimm dir die Zeit. Wenn du jemanden zum Reden brauchst, dann ruf mich an, egal wann."

Ich habe manchmal versucht, mich vor den Spiegel zu stellen und zu schreien, aber mein Mund öffnete sich nur und schloß sich wieder leise. Ich brachte keinen Ton heraus. Der Schmerz saß so tief, daß ich keine Laute hervorbrachte. Tränen, das war alles, was ich herauslassen konnte.

Daniels Vater besuchte uns eines Tages während seiner Mittagspause. Er brachte mir einen ganz großen Blumenstrauß mit. Auch von meinen ehemaligen Kollegen kam ein großer Blumenstrauß.

Der Duft und die Farben wirkten schmerzlindernd.

Am Freitag wollten wir uns Louis noch einmal ansehen.

Mir war sehr schwindelig auf den Beinen, wahrscheinlich immer noch von den Hormontabletten und dem großen Blutverlust. Wir holten Gabriele, unsere Hebamme, von zu Hause ab und fuhren gemeinsam ins Krankenhaus. Gabriele wollte sich das Kind erst einmal allein ansehen. Falls es schlimm aussehen würde, hätte ich vielleicht doch darauf verzichtet, es noch einmal zu sehen.

Herr Müller, der Geschäftsführer des Bestattungsinstitutes, erwartete uns in der Aufnahmehalle des Krankenhauses. Gemeinsam gingen wir in die Pathologische Abteilung, wo sich eine kleine Kapelle befand, in der das Kind aufgebahrt war. Gabriele ging in die Kapelle. Nach wenigen Minuten kam sie wieder heraus und erklärte mir, daß es ganz friedlich aussah in seinem Matrosenanzug. Ich sollte es mir ruhig ansehen.

Der erste Freitag danach

Louis lag eingehüllt in eine Seidendecke in einem kleinen weißen Sarg. Er wirkte ganz ruhig und entspannt, so als schliefe er. Seine Haut war ganz hellrot. Die kleine Nase, das Kinn. Ich berührte seine Händchen, seinen kleinen Kopf und spürte die Kälte, die von ihm ausging. Nie werde ich diese Eiseskälte vergessen! Mir liefen die Tränen herunter. Gabriele machte Fotos. Es war nichts Schreckliches, nichts Anormales. Louis war ein fertiges Baby, nur einfach zu klein und viel zu krank. Unser Baby. Ich rief Daniel hinein:

„Es ist viel schöner als bei der Geburt. Du kannst es dir wirklich ansehen."

Nach einiger Zeit fragte mich Gabriele:

„Kannst du ihn jetzt loslassen? Ihn von dir gehen lassen?"

Weinend antworte ich:

„Ja, ich kann ja nichts mehr für ihn tun. Ich konnte ihm nur die Qualen ersparen!"

Es war ein warmes, befreiendes Gefühl, Louis so noch einmal begegnen zu können. Ich hatte keine Angst mehr. Mein Kind war ein kleiner, fast fertiger Mensch gewesen – nicht nur ein „krankes" Gestrampel in meinem Bauch. Mit diesem Wissen konnte ich jetzt versuchen, Abschied zu nehmen.

Mit half auch, daß wir Louis richtig bestatten lassen konnten. Es war so, als wenn wir ihn mit Würde von uns gehen ließen. Eine Würde, die ihm einfach zustand. Denn was konnte dieses Kind dafür, daß in der Stunde Null über seinen Tod bestimmt worden war?

Auf diese Weise konnte ich Louis für all die schönen Stunden danken, die wir miteinander gehabt hatten. Es war auch wichtig für uns, daß Louis kein anonymes Leichenhemdchen trug, sondern daß er seinen kleinen Matrosenanzug anhatte. Wir gaben ihm damit seine eigene Identität und demonstrierten seine Zugehörigkeit zu uns.

Draußen vor der Kapelle umarmte mich Daniel. Auch er war froh, Louis nun so friedlich in Erinnerung behalten zu können.

Zwölf Tage danach

Zwölf Tage nach Louis Tod haben wir geheiratet. Natürlich hatten wir überlegt, ob wir die Hochzeit nicht verschieben sollten. Aber Daniel meinte:

„Wir haben jetzt so viel durchgestanden. Ich möchte nicht länger warten und dich endlich heiraten!"

Die Trauung war sehr früh am Morgen. Eingeladen waren nur Familienmitglieder und die Trauzeuginnen Victoria und

Christiane. Auch Christiane war eine langjährige Freundin von uns.

Daniel hatte seinen Golf mit roten Luftballons und einer Girlande mit der Aufschrift „Just married" geschmückt. Er überreichte mir einen wunderschönen Brautstrauß aus roten Rosen. Ich war noch ziemlich wackelig auf den Beinen. Wir hatten uns vor dem Standesamt mit den anderen verabredet. Da wir etwas zu früh da waren, mußten wir noch im Sekretariat warten. Dann war es soweit. Wir wurden in das Kaminzimmer gebeten und sollten in der Mitte Platz nehmen. Unsere Angehörigen saßen links und rechts von uns.

Die Standesbeamtin hielt eine kurze Rede, die sie folgendermaßen beschloß:

„Ich wünsche Ihnen, daß Sie ein Leben lang den Humor bewahren, der einem auch in schweren Situationen hilft!"

Daniel und ich, wir sahen uns kurz an. Wir dachten beide dasselbe:

„Ohne Humor hätten wir das alles nicht überstanden!"

Als wir aus dem Standesamt herauskamen, wurden wir mit Reis überschüttet. Ich bekam eine Ladung in den Mund und Daniel in den Nacken. So war meine Oma! Sie meinte es so gut, daß wir fast am Reis erstickten!

Thomas, der Tagesvater von Alina, gratulierte uns auch. Alina hatte ein Körbchen voller Blumen in der Hand. Ich war so glücklich, Alina zu sehen. Ich liebte sie nach dem Tod meines Kindes noch mehr. Vielleicht liebte ich sie für das Leben, das Louis nicht haben durfte.

Trotz aller Anstrengung wurde es ein ganz schöner Tag für uns beide. Wir waren von lieben Menschen umgeben, die Anteil nahmen. Es riß uns aus unserer Trauer heraus.

Wir bekamen viele, wunderschöne Blumen geschenkt, die wie Balsam auf meine Seele wirkten. Außerdem erhielten wir viele Hochzeitskarten, sogar eine von unserem Lieblingsarzt. Auch unsere Lieblingshebamme gratulierte uns in einem langen Brief.

Zwei Wochen danach

Von einem selbstgemachten Foto hatten wir Karten machen lassen, die wir als Traueranzeigen verschicken wollten. Die Aufnahme zeigte eine sitzende Frauenskulptur aus Stein, die ihr Baby schützend im Arm hielt. Meistens schrieb ich nur folgenden, kurzen Text:

Wir trauern um den Tod unseres Sohnes Louis. Totgeboren am 22.05. um 21.03. Daniel und Brigitte

Es war erleichternd.

Wir wollten Louis Leben nicht totschweigen.

Er hatte mit uns gelebt, wenn auch nur in meinem Bauch. Dieses Leben sollten auch andere begreifen.

Drei Wochen danach

Als ich unter die Dusche gehen wollte, fiel mir im Spiegel auf, daß meine Brustwarze verändert aussah. Als ich sie mir näher betrachtete, sah ich, daß Milch aus ihr heraustropfte. Jetzt bekam ich also doch noch einen Milcheinschuß!

Die Hormonbehandlung war seit knapp einer Woche beendet. Theoretisch hätte keine Milch mehr kommen dürfen. Aber mein Körper ließ sich nicht von Medikamenten täuschen, sondern nahm sich, was er brauchte, und wofür er sich Monate lang vorbereitet hatte. Wir holten den Still-BH aus dem Koffer mit den Baby-Sachen. Meine Brüste waren schwer und schmerzten.

Meine Trauer kam und ging „wellenartig". Mal war ich ganz traurig, dann wieder tapfer und froh, mal fast gleichgültig, mal verletzlich, mal lachend, mal weinend, nur eins war ich nicht mehr: so wie früher. Ich nahm keine beruhigenden Medikamente. Ich wollte mich nicht betäuben und auch nicht vor meinen Gefühlen davonlaufen. Tief drinnen spürte ich: Wenn ich es jetzt nicht schaffe, „da durch zu gehen", werde ich es nie mehr schaffen. Was ich leider nicht konnte: den Schmerz aus mir herausschreien. Vielleicht hatte ich deshalb meist am Wochenende schwere Depressionen. Ich hatte richtige Angstzustände, daß auch Daniel etwas passieren könnte. Ich wußte nicht, wie ich mich retten konnte vor diesen Ängsten. Es war, als wenn die Angst sich wie eine Hand um meinen Hals legte und immer fester zudrückte. Ich hatte das Gefühl zu ersticken. Mich abzulenken gelang mir nicht richtig.

Dann bekam ich wieder Blutungen. Meine Regel? Die Ärztin meinte, es wäre zu früh. Gegen den Milcheinschuß sollte ich erneut Hormontabletten nehmen. Ich sträubte mich dagegen. Erstens hatten die Tabletten enorme Nebenwirkungen, und zweitens hatte mein Körper sich trotz der Einnahme nicht davon abhalten lassen, Milch zu produzieren.

Es handelte sich eben nicht um ein rein körperliches Phänomen, sondern es war ein Schrei der Seele.

Meine Hebamme riet mir, es erst einmal mit Salbei-Tee zu versuchen. So trank ich dreimal täglich Salbei-Tee. Meine Brust wurde nach drei Tagen ganz weich, und es floß nur noch sehr wenig Milch.

Es gab also doch Alternativen. Vielleicht lag es auch daran, daß ich den Milcheinschuß jetzt einfach zuließ. Auch die Angstzustände wurden langsam besser.

Eine mit uns befreundetete Psychologin sagte mir, daß das ganz natürliche Prozesse waren. Daß ich durch den großen Verlust, den ich erlitten hatte, die Angst auf denjenigen projizierte, der mir am nächsten stand. Das war Daniel. Ich mußte mir das bewußt machen, um die Ängste wieder abbauen zu können.

So sagte ich mir immer wieder, daß es sich um normale Angstzustände handelte und nicht um böse Vorahnungen, wie es einmal gewesen war, als ich von meinem Kind träumte.

Viereinhalb Wochen danach

Immer wieder beschwor ich die Atmosphäre herauf, die im Kreißsaal geherrscht hatte. Immer wieder ließ ich diese Stunden mit einem warmen Gefühl im Bauch vor meinem inneren

Auge ablaufen. Warum? War ich zur Masochistin geworden? Eine, die Gefallen an Schmerzen fand? Bis mir klar wurde, es waren nicht die Schmerzen. Es war die letzte Zeit mit meinem Kind.

Meine Brust hörte endgültig auf, Milch zu produzieren. Sie war ganz weich. Ich hatte heute die letzten Stilleinlagen in meinen BH gesteckt und vorher zärtlich meine Brust gestreichelt. Ich hatte ihr gesagt, daß ich ihre Bedürfnisse mitzuweinen verstanden hätte, aber daß es jetzt gut sein mußte.

Victoria sagte:

„Wenn Verwandte oder Bekannte sterben, so stirbt ein Teil deiner Vergangenheit. Wenn dein Kind stirbt, so stirbt deine Zukunft."

Das macht es so schwer.

Eine andere Freundin sagte:

„Wenn dein Kind stirbt, ist ein Teil von dir selbst gestorben. Es ist auch ein Stück eigener Tod, der verarbeitet werden muß."

Es ist nicht nur ein Stück eigener Tod, sondern es ist ein dreifacher Tod. Ich betrauerte ein Stück meines Todes, ein Stück von Daniels Tod und den Tod meines Kindes. Außerdem mußte ich auch physisch wieder zu Kräften kommen. Die Schwangerschaft, der Geburtsstreß, der hohe Blutverlust, all das hatte mich sehr geschwächt. Und dann war noch etwas da, ganz tief in mir, das Gefühl, daß mir nichts auf der Welt jemals so nahe gestanden hatte wie das Kind. Nichts ist einer Frau so eng verbunden wie das Kind, das sie im Bauch trägt. Dieses wieder loszulassen ist so verdammt schwer.

Manchmal hörte ich schon wieder Musik. Ab und zu tanzte ich dann dazu, bis mir wieder einfiel, wie ich mit Louis im Bauch getanzt hatte. Dann liefen mir meistens die Tränen herunter. In dieser Zeit schrieb ich auch viel an meinem Buch. Ich stand um acht Uhr auf, setzte mich ab neun Uhr an den Computer und schrieb bis abends durch. Meistens vergaß ich zu essen. Es war wie eine Sucht, ein innerer Zwang. Beim Schreiben konnte ich alles loswerden. Ließ meinen Gedanken freien Lauf, weinte alle Tränen, fühlte lautlose Schreie. Meine Gefühle fuhren unaufhörlich Achterbahn mit mir. Aber hier wurde ich nicht dafür zensiert.

Abends gingen Daniel und ich oft spazieren. Wir suchten uns meistens Plätze aus, die uns nicht an die Zeit der Schwangerschaft erinnerten. So erkundeten wir die Villengegend von Dahlem und redeten viel über Louis.

Alleine traute ich mich noch nicht aus dem Haus. Draußen ging das Leben weiter, aber für mich sollte es noch einen Moment stehenbleiben. Ich konnte anderen nicht ins Gesicht sehen. Warum? Hatte ich das Gefühl, versagt zu haben?

Tatsächlich: Ich war in meinem Selbstwertgefühl stark getroffen. Fühlte mich minderwertig. Traute mir nichts mehr zu. Ich zweifelte an meinen ganzen bisherigen Leben. Stellte vieles in Frage.

Daniel sagte:

„Warum nimmst du es persönlich? Es hätte jeder passieren können!"

„Es ist nicht jeder passiert. Es ist mir passiert!"

Ich fühlte mich bestraft und wußte nicht wofür. War ich zu glücklich gewesen, zu stolz auf meinen Bauch? Nach dem Motto: „Hochmut kommt vor dem Fall"?

Aber es gab doch noch andere stolze Frauen! Das konnte es nicht gewesen sein.

Ich fand keine Antwort. Und ich sehnte mich so sehr nach Louis' Leben. So sehr ich für ihn den Tod erhofft hatte, so sehr ersehnte ich für mich sein Leben – und wäre es nur ein kurzer Augenblick, nur einmal der Glanz seiner Augen. Nein, für das Leben da draußen war ich noch nicht gewappnet.

Sehnen nach dem Leben

Wie sehr ersehne ich dein Leben,
wie schön, es einmal zu spüren:
Die Farbe deiner Augen,
einmal dein Atem an meinem Gesicht,
dein Herzschlag an meinem Ohr.

Laß meine Brust dir Milch schenken;
deine Hand, die meine fest umklammern;
deine warme Haut auf meinem Bauch fühlen
Laß einmal dich festhalten und nie wieder von mir gehen.

Meine Oma kam mich oft besuchen. Wir frühstückten gemeinsam, und ich las ihr aus meinem Buch vor. Auch Daniel half dieses Buch. Er zog sich des öfteren zurück und las unter Tränen unsere Geschichte. Sie half ihm, meine Gefühle besser zu verstehen und seine eigenen zuzulassen. Es war unser Kind, um das wir weinten. Wir gönnten einander die Zeit der Traurigkeit.

Ich lebte sehr zurückgezogen. Ich hätte mir manchmal gewünscht, daß jemand spontan vorbeigekommen wäre, um nach mir zu sehen oder etwas zum Essen zu bringen, weil ich mich zu müde und kraftlos fühlte, selber zu kochen.

Victoria versuchte immer wieder, mich aus meinem Schneckenhaus zu locken:

„Brigitte, ich wollte dich und mein Kind im Schloßpark ‚auslüften'. Wann kann ich dich abholen?"

Oder: „Ich muß mir noch ein paar Birkenstock-Schuhe kaufen. Kannst du mich nicht bei der Farbe beraten?" Manchmal lud uns Victoria zum Essen zu sich nach Hause ein. Sie half mir, mich langsam wieder dem Leben zu öffnen, und sie gab nicht auf.

Meine Mutter rief täglich an. Sie ermunterte mich, mir zum Trauern Zeit zu lassen und immer wieder über das Geschehene zu sprechen.

Ab und zu riefen ein paar Freundinnen an, aber eigentlich war es sehr ruhig geworden. Vielleicht erwarteten viele, daß ich mich meldete oder ein Zeichen gab, wie sie mir helfen können? Aber dazu fehlte mir die Energie. Ich fürchtete mich, andere anzurufen, weil ich keine falschen Sätze mehr ertrug. Sie meinten es ja alle gut, aber ihre Worte trafen jedesmal wie Speerstiche – wie sollte ich mich jetzt damit trösten, daß ich irgendwann wieder Kinder bekommen könnte? Ich wollte kein anderes Kind. Ich wollte doch dieses, wollte Louis. Völlig unverstanden fühlte ich mich auch, wenn jemand sagte:

„Vielleicht ist deine Bestimmung eine ganz andere als Mutter zu werden." – Aber ich wollte doch so gerne Mutter sein!

Oder: „Du mußt das Leben von seinen positiven Seiten sehen!" – Aber ich war doch traurig und verletzt!

Die Leute verstanden nicht, daß ich meine Trauer nicht verdrängen, daß ich meine Gefühle zulassen wollte. Ich konnte und wollte mich nicht zwingen, die Sehnsucht nach meinem Kind nicht mehr zu haben.

Jemand sagte: „Du bist stark, du schaffst das schon!" Wie konnte jemand behaupten, ich sei stark, wo ich das Gefühl hatte, an all dem zu zerbrechen?

Eine Bekannte meinte später: „Ich glaube, egal was wir getan hätten, es wäre immer falsch gewesen."

Ich dachte, warum hast du es noch nicht einmal versucht?

Es dauerte lange, bis ich mich für meine Gefühle nicht mehr rechtfertigte und auch anderen klar sagen konnte, was ich erwartete und was nicht. Eigentlich konnte ich das erst, als das Buch fertig war. Von da ab konnte ich auf andere zugehen und sagen, es hat mir wehgetan, wie ihr euch verhalten habt, oder ich hätte mir das oder jenes von euch gewünscht. Warum ist es den anderen Menschen so schwer gefallen, mit mir richtig umzugehen? Weil eine Totgeburt zu traurig ist, um darüber öffentlich nachzudenken? Weil das Thema „Tod" generell verdrängt wird?

Tanja sagte einmal zu mir:" Du kannst nicht erwarten, daß jemand dich versteht, aber du kannst erwarten, daß sie dir zuhören und sich Zeit für dich nehmen."

Ein anderes Erlebnis: Eine Freundin hatte ihrem Freund eingeschärft, daß er vorsichtig mit mir umgehen sollte. Damit hatte sie ihn wohl völlig verschreckt, denn als er anrief, stellte er unentwegt Fragen, ohne auf eine Antwort zu warten. Ich hätte ihn am liebsten unterbrochen und gesagt: „Christian, ich bin immer noch Brigitte. Mir geht's nicht so gut. Irgendwann wird es mir wieder besser gehen. Ich erwarte nichts

Außergewöhnliches von euch, behandelt mich wie einen normalen Menschen, der eine schwierige Zeit durchzustehen hat. Mehr nicht. Wenn Ihr mir eine Freude machen wollt, dann schickt mir ein paar Blumen oder etwas anderes, aber behandelt mich nicht so, als wenn ich die Pest hätte. Am meisten helft ihr mir, wenn ich euch meine Geschichte erzählen kann. Wenn ihr dabei weinen müßt, dann laßt uns gemeinsam weinen, denn dann habe ich nicht das Gefühl, daß mein Weinen Schwäche ist." Aber mir fehlte leider die Energie, um diese Dinge auszusprechen. Anfangs fiel es mir auch schwer, abends zu beten. Ich konnte Gott nicht danken dafür, daß ich mein Kind verloren hatte. Meine Gebete waren kurz. Ich bat Gott darum, daß er Louis beschützen und daß Daniel ja nichts passieren sollte. Mit der Zeit fing ich wieder an, mich zu bedanken: Ich war nicht allein, hatte die Geburt gut überstanden und viel Glück mit den Ärzten und Hebammen gehabt. Es dauerte Wochen, vielleicht auch Monate, bis ich auch wieder dankbar für mein Leben sein konnte. Heute habe ich das Gefühl, daß mich der Tod von Louis Gott nähergebracht hat. Wo immer Louis jetzt sein wird, Gott wird ihn beschützen, und er wird auch mich beschützen. Ich weiß nicht genau, warum Louis gestorben ist, aber ich weiß, daß alles einen Sinn hat und nichts umsonst passiert.

Fünfeinhalb Wochen danach

Wir ließen uns im genetischen Institut noch einmal beraten.

Bei einer Trisomie 18 (Edwards-Syndrom) ist das 18. Gen dreimal statt zweimal vorhanden. Die Chromosomenanomalie entsteht durch Fehlverteilung eines Chromosoms bei der Zellteilung.

Die Trisomie 18 kommt mit einer Wahrscheinlichkeit von 1:8000 Lebendgeburten vor. Die Merkmale sind nicht einheitlich. Feststeht, daß die Kinder multiple körperliche und geistige Schäden haben, so daß sie nicht lange außerhalb des Mutterleibes überleben können.

Unserem Kind haben wir äußerlich seine Krankheit nicht

angesehen. Es ist uns erspart geblieben, ein entstelltes Kind zu bekommen.

Die durchschnittliche Lebensdauer der mit Trisomie 18 geborenen Kinder beträgt fünf Tage. Meistens sind es Mädchen. Man sagt, daß sie widerstandsfähiger sind als Jungen. Unser Louis muß ein ganz besonderes willenstarkes Baby gewesen sein, denn er wurde trotz seiner Behinderungen immerhin acht Monate alt.

Jemand hat zu mir tröstend gesagt, vielleicht wollte er nicht auf dieser Welt leben. Ich antwortete, doch er wollte, sonst wäre er nie so groß geworden. Er konnte nur nicht.

Bei der Auszählung der Chromosomen wurde festgestellt, daß es sich bei uns um keine Erbkrankheit handelte, da das überzählige Chromosom „frei" vorhanden war. Bei einer erneuten Schwangerschaft werde ich also kein höheres Risiko als *jede* andere Frau eingehen. Es war ein dummer Zufall! Jedoch wird man aufgrund meiner Vorgeschichte zu einer frühzeitigen Genanalyse raten.

Dazu gibt es drei Methoden:

Die *Chorionzottenbiopsie* (ca. ab der 10. Schwangerschaftswoche durchführbar). Es werden mit einem dünnen Katheder durch den Muttermund hindurch einige Zotten der Plazenta entnommen. Dieser Eingriff kann zu einem relativ frühen Zeitpunkt der Schwangerschaft vorgenommen werden. Das Ergebnis hat man ein paar Tage später. Entschließt sich das Elternpaar aufgrund eines Chromosomenschadens für eine Abtreibung, so kann das noch vor der zwölften Woche durch die schonende Absaugmethode geschehen. Der Nachteil der Chorionzottenbiopsie: Das Risiko einer Fehlgeburt liegt zwischen zwei und 4,5 Prozent.

Etwas geringer ist das Abort-Risiko bei der *Amniozentese*, der Fruchtwasserpunktion (ca. ab der 16. Schwangerschaftswoche durchführbar). Die Fehlgeburtenrate liegt bei 0,5 Prozent. Bei dieser Methode wird mit einer Kanüle durch die Bauchdecke der

Frau hindurch etwas Fruchtwasser entnommen. Das Ergebnis liegt zwei bis drei Wochen später vor. Zu diesem Zeitpunkt aber sind dann evt. schon Kindsbewegungen zu spüren. Bei der Entscheidung zur Abtreibung aufgrund einer Anomalie stellt sich das Problem, daß keine Ausschabung mehr möglich ist, sondern das Kind *über den Geburtsweg* ausgetrieben werden muß.

Ähnliche Probleme stellen sich bei der *Nabelschnurpunktion* (ca. ab der 20. Schwangerschaftswoche durchführbar), bei der Blut aus der Nabelschnur durch die Bauchdecke der Mutter punktiert wird. Das Ergebnis ist in ca. einer Woche vorhanden. Die Fehlgeburtenrate ist mit der der Amniozentese identisch.

Ich habe mich oft gefragt, was gewesen wäre, wenn ich auf einer Genanalyse bestanden hätte und wir es in einem frühen Stadium gewußt hätten. Denn meine Ärztin hatte mir ja erklärt, daß ich keine Fruchtwasseruntersuchung machen müßte, weil wir jung, gesund und erblich nicht vorbelastet sind. Anfänglich dachte ich, ich hätte mir viele Qualen ersparen können, aber jetzt bin ich anderer Meinung. Dadurch, daß ich es erst sehr spät erfuhr, konnte ich viele schöne Stunden mit meinem Kind erleben – Stunden, in denen ich unbeschreiblich glücklich gewesen bin. Diese Zeit möchte ich nicht mehr missen. Sicher werden wir – falls es überhaupt ein nächstes Kind gibt – frühzeitig eine Analyse machen lassen, um der Schwangerschaft unbeschwerter gegenüberzutreten. Denn die Angst kann uns niemand mehr nehmen. Aber diese Angst hätte ich auch, wenn ich mein Kind im dritten Monat abgetrieben hätte.

Knapp sechs Wochen danach

Es war ein sonniger Tag. Victoria holte uns früh ab, und wir fuhren zum Friedhof. Unterwegs kauften wir noch Blumen. Rote Rosen. Auch Alina war dabei. Auf dem Weg zum Friedhof lief sie neben mir her und hielt zärtlich meine Hand. So, wie nur Kinder Hände halten können. Wir wollten uns auf dem Friedhof vor der Kapelle treffen. Dort warteten auch schon meine Oma, Herr Müller und die Pfarrerin aus dem Krankenhaus. Daniel hatte sie ein paar Tage vorher angerufen und gefragt, ob sie unser Kind beerdigen würde. Sie war sofort einverstanden gewesen. Herr Müller fragte, ob die Pfarrerin in der Kapelle ein paar Worte sprechen wollte. Sie sagte, lieber am Grab und blickte uns fragend an. Wir nickten, das war auch in unserem Sinne. Die Kapelle wurde geöffnet. Auf einem kleinen Tischchen stand die Urne. Wir gingen gemeinsam hinein und standen einen Moment in tiefem Schweigen. Dann trug der Urnenträger die Urne zur Grabstelle meines Opas. Am liebsten hätte ich die Urne selber getragen. Vielleicht hätte ich sie auch nie wieder hergegeben. Daniel erzählte mir später, daß es ihm so ähnlich gegangen war.

Am Grab hielt die Pfarrerin ihre Ansprache. Wir standen alle weinend um die Urne herum. Ich kann mich an die einzelnen Worte nicht mehr erinnern, nur daran, daß sie immer von Louis Leben sprach. Etwas Schöneres hätte sie nicht sagen können. Sie sprach genau das aus, was ich fühlte. Es war etwas Lebendiges, was von uns ging! Louis hat gelebt, auch wenn andere ihn noch nicht sahen. Dann wurde die Urne in das Grab gesetzt. Die Pfarrerin fragte uns, ob sie ihren Strauß mit in das Grab legen durfte.Wir nickten und bedankten uns bei ihr. Sie nahm mich mit Tränen in den Augen in den Arm.

Wir blieben noch eine Weile am Grab stehen, Daniel und ich hielten uns an den Händen. Dann fuhren Victoria, Daniel und ich gemeinsam in ein Bistro frühstücken. Ich wollte nicht nach Hause! Die Sonne schien, und ich wollte wieder unter Menschen. Etwas vom Leben sehen! Es war das erste Mal nach Louis Tod, daß ich mich wieder nach Leben sehnte, jetzt wo ich vom Tod Abschied genommen hatte.

Jemand sagte, wenn das Kind beerdigt ist, dann kannst du das Kapitel ja endlich abschließen. Das Kapitel wird nie für mich abgeschlossen sein, es wird nur immer mehr in die Ferne rücken. Auch wenn die Zeit die Wunden heilt, so werden Narben übrig bleiben.

Jemand sagte, solche Schicksalsschläge bereichern einen. Nach dem Motto: Was uns nicht umbringt, macht uns stark. Ich hätte mir diesen Schicksalsschlag gerne erspart.

Eine Freundin fragte mich, wer wird dieses Buch lesen? Es gibt kein Happy End. Nein, es gab kein Happy End, aber viele „Happy Moments". Und was ist schon ein Happy End? Doch auch nur ein kurzer Augenblick, an dem wir aufhören, etwas zu betrachten.

Natürlich wäre ich viel glücklicher gewesen, wenn ich dieses Kind gesund in den Armen hätte halten können. Aber ist so nicht das Leben? Voller Überraschungen? Nicht planbar und nicht versicherbar? Auch wenn wir es uns noch so sehr wünschen und glauben, alles richtig zu machen? Ich habe viel gelitten und bin oft traurig gewesen, aber ich bin nach wie vor der Meinung: Ein Kind ist ein Geschenk Gottes – *wir wissen nie, wie lange wir es behalten dürfen!*

Als ich dieses Buch schrieb, war der Leitfaden „beim nächsten Kind ...". Ob es jemals ein nächstes Kind geben wird, das wird die Zeit zeigen. Sicher ist, daß es dieses Kind gegeben hat, und daß Glück und Unglück sehr nahe beieinanderlagen.

Nebenbei bemerkt:

Mein Vorgesetzter hat sich wieder etwas Neues einfallen lassen. Da in meinem Arbeitsvertrag nicht ausdrücklich stand, daß ich nur für Berlin eingestellt wurde, „versetzte" er mich nach Leipzig. Leipzig ist ungefähr zweieinhalb Autostunden von Berlin entfernt. Mein Anwalt ist der Auffassung, daß diese „Versetzung" nicht rechtsgültig ist, da ich mich für die Stelle in Berlin beworben hatte. Aber was hilft das Gesetz, wenn der Arbeitgeber Gesetze nach seinem Sinn auslegt?

Wenn er in diesem Punkt nicht Recht bekommt, wird er andere Wege suchen.

Kurze Zeit später:

Ich habe Leipzig nicht angenommen!

Daniel und ich haben uns an einem Wochenende dort umgesehen. Ich hätte die meiste Zeit des Monats in Hotels übernachten müssen. Unsere Beziehung wäre nur noch eine Wochenendbeziehung gewesen.

Ich arbeitete nach Ende der Mutterschutzfrist zunächst also weiter auf meinem Arbeitsplatz in Berlin. Zwei Wochen später erhielt ich einen Brief per Einschreiben. Darin stand, daß man mir per „Direktionsrecht" den Bezirk Leipzig zuweist. Innerhalb von drei Tagen sollte ich meinem Chef einen Besuchsplan für die kommende Woche vorlegen und am Ende der Woche Rechenschaft darüber ablegen, ob ich diesen Plan abgearbeitet habe. Mein Rechtsanwalt setzte ein Schreiben auf, in dem er darauf hinwies, daß weder der Arbeitsvertrag noch das Direktionsrecht die Verlegung rechtfertigen würden. Ich würde weiterhin meine Arbeitskraft in Berlin anbieten.

Drei Tage später erhielt ich ein Fax in mein Büro. Ich sei mit sofortiger Wirkung von der Arbeit freigestellt, und meine Akte würde der Rechtsabteilung übergeben.

Ich führte meine Arbeit pflichtbewußt bis 18 Uhr aus, packte dann meine Sachen und übergab meinem Nachfolger die Schlüssel.

Vier Monate danach

Langsam gehe ich wieder einem „normalen" Leben entgegen. Ich traue mich seit einiger Zeit wieder alleine auf die Straße, kaufe ein, fahre Fahrrad und lasse meinen Bauch tanzen. Jeder Schritt zurück in die Normalität war mit viel Überwindung und Tränen verbunden. Immer wieder wurden Erinnerungen lebendig, und Sehnsüchte erwachten. Doch Stück für Stück eroberte ich mir das Leben zurück. Daniel und ich haben das erste Mal wieder miteinander geschlafen. Ich konnte lange Zeit keine sexuellen Zärtlichkeiten ertragen. Daniel hat es verstanden und mir die Zeit gelassen. Ich hatte Angst vor dem ersten Mal, aber es war ganz schön und irgendwie auch befreiend.

Manchmal spiele ich für Alina den Babysitter, wir gehen dann auf Kinderspielplätze. Das Toben der Kinder erfüllt mich mit Glück. Ich genieße diese wenigen Augenblicke mit Alina, weil sie mir das Gefühl geben, daß ich ein winziges Stück meines Mutterseins ausleben darf. Wenn ich behinderte Kinder sehe, schaue ich nicht mehr wie früher schüchtern oder betreten vorbei, sondern ich gucke hin und denke, das könnte auch Louis sein. Mein Verstand sagt mir, sei froh, daß es anders gekommen ist. Aber mein Gefühl zieht mich zu diesen Kindern hin. Ich möchte sie am liebsten an mich drücken. Diese Ambivalenz werde ich wohl immer in mir tragen. Ich betrachte ihre Eltern und empfinde Bewunderung für ihre Stärke – von der sie selber vielleicht gar nichts wissen.

Fünf Monate danach

Ich könnte verrückt werden! Mein Arbeitgeber hat die Lohnzahlungen eingestellt mit der Begründung, ich stände seit dem Ende der Probezeit nicht mehr im Arbeitsverhältnis. Es ist alles an den Haaren herbeigezogen und absolut absurd. Ich habe noch zwei Monate über das Ende der Probezeit hinaus Gehalt bekommen und regulär nach Ablauf der Mutterschutzfrist wieder gearbeitet. Außerdem habe ich niemals vorher eine Kündigung erhalten. Mein Anwalt sagt nur trocken, damit kommen die nicht durch. Das Ganze geht vors Arbeitsgericht.

Am Wochenende waren wir auf dem Winterfeldmarkt einkaufen. Zufällig trafen wir eine Freundin von Daniel, die im vierten Monat schwanger ist. Sie wollte mit uns einen Kaffee trinken gehen. Zuerst wollte ich Daniel die Freude machen, aber als ich ihren kleinen Bauch sah und bemerkte, wie glücklich sie war, mußte ich weinen und lief einfach davon. Daniel holte mich ein und nahm mich in die Arme. Ich entschuldigte mich, und er sagte, was erwartest du denn, es ist noch nicht einmal ein halbes Jahr her. Immer wenn ich denke, ich habe mein Leben wieder im Griff, schmeißt es mich wieder um. Meine Nerven sind zum Zerreißen gespannt. Ich weiß nicht, wie es beruflich weitergeht. Ich schaue in die Zeitung und gucke mir die Anzeigen an, aber dabei werde ich wieder nervös. Ich kann mich noch nicht bewerben. Ich fühle mich so müde und überhaupt nicht in der Lage, neue Kämpfe durchzufechten. Eine neue Stelle bedeutet: Energie haben, sich beweisen, sich durchsetzen – all das, was ich noch nicht habe. Außerdem, was wird, wenn wir uns doch noch einmal für ein Kind entscheiden? Würde ich von meinem neuen Arbeitgeber wieder so behandelt werden? Der Ärger mit meinem ehemaligen Chef gibt mir den Rest. Möchte mich verkriechen, laßt mich doch alle in Ruhe!

Daß ich mich trotz aller Schwierigkeiten nicht habe unterkriegen lassen, dabei hat mir vor allem das Schreiben geholfen. Vielleicht habe ich es geschafft, mit diesem Buch wirklich einen Denkstein für Louis zu setzen. Weißt du Louis, was das bedeutet? Wir haben einen Sieg in der Niederlage errungen, denn ich habe mein Ziel erreicht. Ich habe meine Trauer durch das Schreiben in etwas Positives umwandeln können. Es war egal, was ich gemacht habe, wichtig war, daß ich während der Trauerzeit ein Ziel vor Augen hatte. Denn die Konzentration auf dieses Ziel ließ die Zeit vergehen. Und es heißt doch so schön, die Zeit heilt Wunden – selbst wenn Narben übrig bleiben. Daß ich mein Ziel erreicht habe, wird mir hoffentlich helfen, mein angeschlagenes Selbstbewußtsein wieder aufzubauen. Es ist der Strohhalm, an den ich mich klammere. Es werden andere über uns lesen und dein Leben begreifen. Vielleicht weinen auch andere um dich, obwohl sie dich nie kannten. Vielleicht bewegt es etwas, vielleicht bleibt aber auch alles beim alten. Hoffentlich hilft es, mit uns Frauen, die so etwas erlebt haben, sensibler umzugehen. Ob ich irgendwann vielleicht noch einmal so glücklich sein darf wie mit dir, Louis? Es gibt zumindest wieder ein „vielleicht" für mich. Es gibt einen scheuen Blick in die Zukunft.

An dich mein Kind!

An dich mein Kind,
ersehntes

An dich mein Kind,
erträumtes

An dich mein Kind,
gegeben und genommen

An dich mein Kind,
für dich war ich stark

An dich mein Kind,
indem ich schrieb, blieb die Erinnerung wach

An dich mein Kind,
ich wollte nichts vergessen, nichts verdrängen

An dich mein Kind,
ich wollte alles von dir wissen

An dich mein Kind,
ich habe dich geboren und zu schnell verloren

An dich mein Kind,
ich wollte Liebe dir schenken

Ich bin daran gewachsen.
Und doch fühle ich mich gebrochen

Die Wogen werden sanfter,
die Trauer überrollt mich nicht mehr

An dich mein Kind,
geliebtes

Deinen Platz kann keiner füllen,
doch auch Tränen trocknen aus.

Ich danke meinem Sohn LOUIS
für alles, was er mir gegeben hat

Meinem Mann,
der mit Liebe an meiner Seite steht.

Meiner Oma
für all die schlaflosen Nächte.

Meiner Mutter,
die mich ermutigte, Gefühle zu zeigen.

Lebenserfahrungen

Josef Mues
Eigentlich hätten wir Sie gerne behalten...
Erfahrungen eines Gekündigten und was sich daraus lernen läßt
Band 4342

Cora Creutzfeldt-Glees
Die Angst vor dem Knoten
Frauen begegnen dem Brustkrebs – Erfahrungen und Hilfen
Band 4341

Margarete Koppetsch
Der Frosch in der Milchschüssel
Eine Mutter kämpft für ihr autistisches Kind
Band 4300

Thomas Alteck
Der Mißbrauch des Mißbrauchs
Ein Vater wehrt sich gegen den Verdacht der Kindesmißhandlung
Band 4299

Wolfgang Lechner
Lach doch wieder, kleiner Rafael
Was ein Vater durch den Unfall seines Sohnes lernte
Band 4294

Sonja Auras
Ich bin Ärztin und HIV-positiv
Eine junge Frau kämpft gegen Ausgrenzung und mächtige Interessen
Band 4280

Michaele Linder
Sucht und Sehnsüchte
Ein Erfahrungsbericht zur Bulimie
Band 4235

Marlies Kemptner
Nie wieder Diät
Eine Erfahrung
Band 4226

Johann-Christoph Student
Im Himmel welken keine Blumen
Kinder begegnen dem Tod
Band 4071

HERDER / SPEKTRUM